Doreen Virtue

Wie oben, so unten

Doreen Virtue

Wie oben, so unten

Die Sieben Gesetze des Lebens

Eine neue Bearbeitung des hermetischen Klassikers: »Das Kybalion«

Aus dem Englischen von Nayoma de Haën

Für Hermes Trismegistos,
den Dreifach Großen Lehrer
und Göttlichen Magier

Titel der Originalausgabe:
»Divine Magic«

Original English Language Publication 2006 by
Hay House, Inc. California, USA

2. Auflage 2007
Lektorat: Maryam Beck
Umschlag: Lisa Sprissler
Gesamtherstellung: Karin Schnellbach
Druck: Bercker, Kevelaer
ISBN 978-3-86728-009-9 € 12.95

Inhalt

Über die historischen Hintergründe der Hermetik

Aus historischer Sicht ist die legendäre Figur des Hermes Trismegistos (des Dreifach Großen Hermes) aus der Verschmelzung des ägyptischen Gottes Thot (dem Zweifach Größten) mit dem griechischen Gott Hermes hervorgegangen. Nachdem Alexander der Große 332 v.d.Z. Ägypten erobert hatte, entstand dort aus der Verbindung von griechischer Philosophie und ägyptischem Götter- und Mysterienkult eine ägyptisch-hellenistische Kultur von hohem geistigem und spirituellem Niveau. Wie in der Antike üblich, erkannte man in den Göttern der anderen Kultur seine eigenen wieder. Schon im 5. Jahrhundert vor der Zeitenwende beschrieb Herodot die geistige Verwandtschaft von Hermes und Thot. Der »neue Gott«, dessen Name Hermes Trismegistos seit dem 2. Jahrhundert n.d.Z. überliefert ist, überragte in den ihm zugeschriebenen Taten und Eigenschaften noch seine Vorgänger. Ihm wurden die Ursprünge von Sprache, Schrift, Religion, Musik und Astronomie zugeordnet. Er galt als der Urahne aller Weisheit, Philosophie und Theologie. Manche betrachteten ihn als Gott, andere als Propheten, wieder andere als Weisheitslehrer und manche als einen der größten Magier und Zauberer aller Zeiten. Als solcher gilt er auch als Ahnherr der Alchemie. Es gibt unzählige Geschichten und Legenden über ihn.

Dass seine Lehren ihren Ursprung dreitausend Jahre vor der Zeitenwende haben sollen, lässt sich auf die Anfänge des Thot-Kultes beziehen. Thot ist einer der ältesten Götter Ägyptens und wurde bereits im Alten Reich (3700–2150 v.d.Z.) verehrt. Esoterische Legenden sehen in ihm einen jener Überlebenden aus Atlantis, die den ägyptischen Ureinwohnern die Grundlagen ihrer Kultur vermittelten. Die Historiker gehen heute mehrheitlich davon aus, dass das hermetische Gedankengut von hellenisierten, ägyptischen Tempelpriestern stammt. Es wäre also durchaus möglich, dass es auf altägyptische Quellen zurückgeht.

Es muss in der Antike eine große Zahl von hermetischen Schriften gegeben haben. Der ägyptische Priester Manetho aus dem 3. Jh. v.d.Z. beziffert sie auf 36 525 Texte. 600 Jahre später werden nur noch 36 erwähnt. Heutzutage bekannt sind vor allem die klassischen hermetischen Schriften aus der Antike, z. B. das Corpus Hermeticum, eine Schriftensammlung aus dem 1. Jh. v.d.Z. bis zum 4. Jh. n.d.Z., das Asclepius aus dem 2. bis 3. Jh. n.d.Z. und manches aus der Bibliothek von Nag Hammadi. Diese werden ergänzt durch Schriften aus dem arabischen Raum, in denen Hermes Trismegistos als der Retter des legendären Urwissens gefeiert wird. Aus diesem Kontext stammt auch die Urfassung der sogenannten Smaragdtafel, der Tabula Smaragdina mit dem berühmten »Wie oben, so unten«, deren älteste erhaltene Version aus dem 8. Jh. stammt.

Der Begriff Kybalion erscheint zum ersten Mal 1908 bei der Veröffentlichung des diesem Buche zugrunde liegenden Originaltextes in Chicago. Die Geheimhaltung genoss in der Hermetik jedoch so große Bedeutung, dass es durchaus eine mündliche Tradition gegeben haben könnte, die zweitausend Jahre lang, zumindest unter diesem Namen, nirgends an die Öffentlichkeit gelangte.

Die vorliegende Fassung von Doreen Virtue ist eine starke Zusammenfassung des Originaltextes. Dieser liegt auf deutsch in zwei Versionen vor, einer bereits vergriffenen vom Hirthammer Verlag und einer vom Akasha Verlag. Einen guten Einblick in die historische Dimension des Hermetismus gibt das Buch von Florian Ebeling, Das Geheimnis des Hermes Trismegistos, dem auch die hier erwähnten historischen Fakten zum größten Teil entnommen wurden.

Den Text der amerikanischen Original-Ausgabe findet man unter anderem unter: www.kybalion.org, eine deutsche Fassung unter www.hermetics.org (scheint der Übersetzung von Gertrud Ringhofer zu entsprechen, die im Hirthammer Verlag erschienen ist). Die andere vollständige deutsche Übersetzung von Hans Edo Schwerin ist im Akasha-Verlag erschienen. Die hier vorliegende Übersetzung der überarbeiteten Version des Kybalion von Doreen Virtue steht von der Wortwahl her der Übersetzung von Hans Edo Schwerin näher.

Die Übersetzerin

Eine kurze Geschichte des Kybalion

Jedem von uns wohnen gottgegebene magische Fähig-keiten inne. Da wir nach dem Bilde Gottes erschaffen wurden, erscheint es nur sinnvoll, dass wir auch über schöpferische Fähigkeiten und göttliche Macht verfügen. Der Sinn unseres Lebens besteht unter anderem darin, zu lernen, diese Fähigkeiten in liebevolles, positives Handeln umzusetzen.

Das Kybalion ist ein praktisches Lehrbuch zum Ver-ständnis und Gebrauch unserer göttlichen magischen Fähigkeiten. Dieses 1908 erstmals erschienene esoterische »Selbsthilfe-Buch« hat unzählige Menschen – darunter auch mich – gelehrt, die hermetischen (der Begriff leitet sich ab von Hermes, dem Begründer dieser Philosophie) Prinzipien im eigenen Handeln lebendig werden zu lassen.

Weil die Sprache des Kybalion inzwischen etwas veraltet und rätselhaft erscheint, wies mich meine innere Führung an, das Manuskript in eine moderne Sprache zu übersetzen und durch meine Kommentare und Anwendungshilfen zu ergänzen. Diese Aufgabe war mir eine große Ehre. Mit Sorgfalt und Ehrfurcht habe ich mich der Überarbeitung des Kybalion gewidmet, um die Integrität seiner Bedeutung und seiner Lehren zu erhalten. Ich habe lediglich veraltete Bezüge, Redewendungen und Wiederholungen der Autoren entfernt. Aus Respekt vor ihrem Alter und ihrer Weisheit habe ich die Sinnsprüche des eigentlichen Kybalion in ihrer ursprünglichen Form belassen. Meine eigenen Kommentare und Beispiele sind deutlich von dem Text der Autoren des Kybalion zu unterscheiden.

Über die Hermetik

Es wird erzählt, dass es im alten Ägypten einen großen spirituellen Lehrer gab, dessen Lehre von der schöpferischen und heilenden Kraft des Geistes handelte und der darüber Schriften verfasste. Seine Lehren waren so beeindruckend und ergreifend, dass er mit Hermes, dem griechischen Götterboten, und mit Toth, dem ägyptischen Gott der Schrift und der Mystik, in Verbindung gebracht wurde. Dieser Lehrer wird meist »Hermes Trismegistos« genannt, das bedeutet »Hermes, der Dreifach Große«. Niemand weiß genau, auf welche drei Aspekte sich dieser Name bezieht.

Ebenso weiß niemand genau, wann Hermes gelebt hat, doch manche halten ihn für einen Zeitgenossen oder gar Lehrer Abrahams. Andere wiederum meinen, er habe in der Zeit von Moses gelebt. Es gibt auch kontroverse Ansichten darüber, ob Hermes tatsächlich der Verfasser der sogenannten »Smaragdtafel«, der Tabula Smaragdina ist, die das berühmte »Wie oben, so unten« enthält.

Die hermetische Lehre war immer in eine Sphäre des Geheimnisvollen gehüllt. Die hermetischen Prinzipien wurden nur an jene weitergegeben, die verschiedene Einweihungen der Läuterung, des Lernens und der Ausbildung bestimmter Fähigkeiten durchschritten hatten. Diesen Eingeweihten wurden die Lehren dann mündlich und vertraulich mitgeteilt. Hermetische Philosophien flossen in die mystischen Lehren des Judentums und in den alexandrinischen Zweig der Gnostik ein. Hermetische Schriften wie das Corpus Hermeticum und Der göttliche Pymander wurden zunächst ins Griechische und später ins Arabische und Lateinische übersetzt. Im Mittelalter und in der Renaissance waren die Hermetik und die aus ihr abgeleitete Alchemie höchst beliebte Themen. Zu ihren Anhängern und Bewunderern gehörten auch Sir Isaac Newton und Carl Gustav Jung.

Im Mittelalter mussten sich die Hermetiker im Verborgenen halten, da jedes von der offiziellen Religion abweichende Prinzip aufs Härteste verfolgt wurde. Darüber zu sprechen oder gar zu schreiben konnte einen auf den Scheiterhaufen bringen. Die daraus folgende äußerste Geheimhaltung führte dazu, dass der Begriff »hermetisch« auch heute noch etwas vollkommen Abgesondertes bedeutet.

Heutzutage ist es nicht nur vollkommen gefahrlos, sich mit Hermetik zu befassen, es ist sogar höchst förderlich. Die meisten Menschen, die sich mit Metaphysik befassen, wissen, dass Gedanken Wirklichkeit erzeugen. Doch wie kann man seine Gedanken so kontrollieren und steuern, dass sie sich nur auf höchste und beste Art manifestieren? Die Antwort auf diese Frage fand ich im Kybalion. Es lehrte mich eine Methode, meine Gedanken – und dementsprechend meine Stimmung, meine Gesundheit, meine Beziehungen und meine Finanzen – auf einem gleichmäßigen Hoch zu halten.

Der Begriff Kybalion bezieht sich auf eine mündliche Lehrtradition der hermetischen Prinzipien. Sie besteht aus Sinnsprüchen, die den Lernenden von erfahrenen Hermetikern erläutert wurden. Die Sinnsprüche wurden im Gedächtnis bewahrt und mündlich weitergegeben. Erst 1908 entschieden sich drei Hermetiker, sie zusammen mit ihren Interpretationen zu veröffentlichen.

Die Verfasser des daraus hervorgegangenen Kybalion nannten sich die »Drei Eingeweihten«. Um ihre wahre Identität und die Bedeutung des Namens Kybalion ranken sich viele Spekulationen.

Wer meine bisherigen Bücher kennt, weiß, dass ich

mich sehr für das alte Wissen Ägyptens, Griechenlands und der Maya begeistere. Die Weisheit dieser Kulturen, zu der auch die Hermetik gehört, hat mir geholfen, meine vergangenen und mein gegenwärtiges Leben besser zu verstehen. Das Kybalion ist eine wundervolle Zusammenfassung dieser alten Lehren, und ich bin sicher, dass sie euch zum Wohle gereichen wird.

Das Kybalion erfordert ein gewisses Studium. Lest zuerst meine Kommentare und Zusammenfassungen und dann die Auszüge aus dem Kybalion. Meiner Ansicht nach ist der beste Weg, diese Lehren zu verstehen, sie im praktischen Leben anzuwenden. Lest erst ein Prinzip durch und konzentriert euch dann darauf, Beispiele dafür in eurem Alltag zu finden. Dabei können blitzartige Aha-Effekte entstehen – und das sind schließlich die besten Lehrer.

Es liegt auch eine CD vor, auf der meine Worte und die Originaltexte des Kybalion durch kleine Meditationsanleitungen ergänzt werden

Manche sagen, es wirke schon Wunder, das Kybalion einfach bei sich zu haben, selbst wenn man es nicht liest. Seine Energie ist reine Magie. Ihr könnt das Buch also auf euren Nachttisch legen, damit seine Informationen während des Schlafs in euer Unterbewusstsein einsinken.

Mögen eure göttlichen magischen Kräfte weiter in euch erwachen!

Doreen Virtue

Anmerkung der Autorin: Die ursprünglichen Sinnsprüche der mündlich überlieferten hermetischen Lehre sind in einem anderen Schrifttyp und in Anführungszeichen gesetzt. Wie im Originaltext steht dahinter: KYBALION Der kursive Text entspricht den Erläuterungen der Drei Eingeweihten. Meine eigenen Kommentare und Anmerkungen zu jedem Kapitel sind an der gewöhnlichen, nichtkursiven Schrift zu erkennen.

Einführung in das Kybalion

»Die Lippen der Weisheit sind verschlossen,
doch nicht für die Ohren des Verstehens.« – Kybalion

Aus dem alten Ägypten gingen esoterische und okkulte Lehren hervor, die auf die Philosophien aller Länder und Völker großen Einfluss hatten. Ägypten, das Land der Pyramiden und der Sphinx, war der Geburtsort geheimer Weisheiten und mystischer Lehren.

Große Adepten und Meister lebten im alten Ägypten. Einer von ihnen wurde als Meister aller Meister verehrt. Dieser Mann – wenn er denn ein Sterblicher war – lebte in Ägyptens Frühzeit. Man nennt ihn Hermes Trismegistos. Er war der Vater der okkulten Weisheit, der Begründer der Astrologie und der Entdecker der Alchemie.

Die Einzelheiten seiner Lebensgeschichte gingen im Laufe der Geschichte längst verloren. Seine genaue Lebenszeit ist unbekannt, doch man vermutet sie in den frühen Tagen der ältesten ägyptischen Dynastien, lange vor Moses' Lebzeiten. Manche Fachleute betrachten ihn als einen Zeitgenossen Abrahams. Es gibt jüdische Traditionen, denen zufolge Abraham einen Teil seines mystischen Wissens direkt von Hermes empfing.

Hermes Trismegistos wurde in allen alten Ländern verehrt. Der Name selbst wurde zu einem Synonym für »Quelle der Weisheit«. Heutzutage verwenden wir den Begriff »hermetisch« im Sinne von »verborgen« oder »versiegelt«, weil die Schüler des Hermes immer dem Gebot der Geheimhaltung folgten.

Hermetische Lehren finden sich in allen Ländern und allen Religionen, ohne dass sie einem bestimmten Land oder einer bestimmten Religion eindeutig zuzuordnen wären. Die alten Lehrer warnten davor, die geheime Lehre in einem Glaubensbekenntnis zu kristallisieren. Die Weisheit dieser Warnung zeigt sich offen in der Geschichte, denn wo immer sich Religion und Philosophie miteinander vermengten, ging die ursprüngliche okkulte Weisheit verloren.

Man findet die Hermetik nicht in Büchern. Sie wurde mündlich weitergegeben, vom Meister zum Schüler, von Lippe zu Ohr. Und wenn einmal etwas niedergeschrieben wurde, dann wurde die Bedeutung durch alchemistische und astrologische Begriffe so verschleiert, dass nur jene, die die Schlüssel kannten, die Texte richtig entziffern konnten. Dies war erforderlich, weil die Theologen des Mittelalters die heilige Lehre mit Feuer, Schwert, Pfahl und Kreuz bekämpften. Und selbst heutzutage gibt es nur wenige zuverlässige Werke über die hermetische Philosophie, obgleich es in okkulten Büchern zahllose Bezugnahmen auf das Thema gibt. Doch nur die Hermetik ist der Hauptschlüssel, mit dem sich alle Tore der okkulten Lehren öffnen lassen!

In den frühen Tagen wurde eine Sammlung grundlegender hermetischer Lehren unter dem Namen »Kybalion« mündlich von Lehrer zu Schüler weitergegeben. Die genaue Bedeutung des Begriffs Kybalion ist im Laufe der Geschichte verloren gegangen. Seine Inhalte wurden nach unserer Kenntnis niemals aufgeschrieben oder gedruckt. Es bestand einfach aus einer Sammlung von Regeln und Sinnsprüchen, die für Außenseiter unverständlich blieben, sich jedoch dem durch den hermetischen Lehrer angeleiteten Schüler leicht erschlossen.

Diese Lehren bildeten die Grundprinzipien der »Kunst der hermetischen Alchemie«, die sich mit der Meisterung geistiger Kräfte befasste und nicht mit den materiellen Elementen der alchemistischen Verwandlung eines Metalls in ein anderes. Die Legende vom »Stein der Weisen«, mit dessen Hilfe man unedle Metalle in Gold verwandeln kann, war eine Allegorie im Sinne der hermetischen Philosophie.

In diesem Büchlein laden wir unsere Schüler ein, durch unsere Erklärungen die hermetischen Lehren zu erforschen.

Wir sind demütige Schüler, die immer noch zu Füßen ihres Meisters sitzen. In diesem Büchlein veröffentlichen wir viele Grundsätze, Sinnsprüche und Regeln des Kybalion zusammen mit Erklärungen, die wir als hilfreich und verständlich erachten.

»Wo die Fußstapfen des Meisters hinfallen, öffnen sich die Ohren jener weit, die für seine Lehren bereit sind. Wenn die Ohren der Schüler bereit sind, zu hören, dann kommen die Lippen, um sie mit Weisheit zu erfüllen.« – KYBALION

Wenn der Schüler bereit ist, die Wahrheit zu empfangen, wird dieses Büchlein zu ihm kommen. Das ist das Gesetz. Das hermetische Prinzip von Ursache und Wirkung mit seinem Aspekt des Gesetzes der Anziehung wird diese Lehren zu jenen bringen, die bereit sind, sie zu empfangen. So sei es!

Kapitel Eins

Die Sieben Grossen Prinzipien der Manifestation

Die heiligen hermetischen Lehren wurden im Kybalion in sieben miteinander verbundene Prinzipien aufgeteilt. Normalerweise werden diese Prinzipien in chronologischer Reihenfolge erkundet, da sie auf einander aufbauen.

Manche dieser Prinzipien klingen vertraut, denn seit Hermes sie vor Jahrhunderten verkündete, wurden sie von spirituellen Lehrern weitergegeben und aufgeschrieben. Es wird also ein wenig so sein, als wolle man die Grundrechenarten wiederholen, obwohl man bereits die Algebra beherrscht.

Das Studium dieser Prinzipien bildet eine solide Grundlage für eure natürlichen spirituellen Gaben. Ich selbst bin eine lebenslange Schülerin und Praktikerin der Metaphysik, doch ich habe durch das Studium des *Kybalion* neue Weisheiten, Erkenntnisse und Ideen gewonnen. Ein tieferes Verständnis dieser Prinzipien hilft, die uns innewohnende Fähigkeit zur Manifestation zu entwickeln. Zum Beispiel könnt ihr damit lernen, eure Stimmungen, Gedanken und Schwingungen auf einem hohen Niveau zu halten. Dies wiederum verbessert auch eure Beziehungen und Finanzen sowie eure Gesundheit und Lebenserfahrung.

Im Folgenden möchte ich euch einen Überblick über die Sieben Großen Prinzipien geben, die uns Hermes hinterlassen hat. Die ursprünglichen Sinnsprüche des *Kybalion* sind kursiv gesetzt. Sie stellen jeweils eine Zusammenfassung des Themas dar. In den folgenden Kapiteln wird dann jedes Kapitel weiter erläutert und in seiner praktischen Anwendung gezeigt.

Die Sieben Großen Prinzipien

Das Erste Große Prinzip heißt Geistigkeit. Der zusammenfassende Sinnspruch aus dem *Kybalion* lautet: *»Das All ist Geist; das Universum ist geistig.«*

Dieses Prinzip erklärt, dass das gesamte Universum (auch ihr selbst und euer Leben) aus einem allumfassenden Göttlichen Geist besteht, aus seinen Gedanken und Gedankenformen.

Das *Kybalion* nennt den Schöpfer »Das All«. Das All ist Geist, das heißt, unendliche und unfehlbare Intelligenz, Weisheit und Kreativität. Da das All überall ist, ist auch alles von Geist erfüllt. Ihr und ich, wir leben in diesem allgegenwärtigen Geist des Alls. Euer wahrer Geist (euer Höheres Selbst) ist Ausdruck und Schöpfung dieses Göttlichen Geistes.

Das Zweite Große Prinzip heißt Analogie. Das *Kybalion* fasst dieses Prinzip in Hermes' berühmtem Satz zusammen: »*Wie oben, so unten.*«

Die Hermetiker unterteilen die Welt in drei einander entsprechende Ebenen: die physische, die mentale und die spirituelle. Jede dieser Ebenen funktioniert nach den gleichen spirituellen Gesetzen. Wenn man die Gesetze versteht, welche die eine Ebene beherrschen, dann begreift man auch, wie die anderen Ebenen funktionieren. Mit diesem Verständnis kann man das Bewusstsein und das Leben auf höhere Existenzebenen anheben.

Das Dritte Große Prinzip heißt Schwingung. Das *Kybalion* sagt: »*Nichts ruht; alles bewegt sich; alles schwingt.*«

Alles im Universum bewegt sich, selbst sogenannte leblose Objekte sind von schwingenden Atomen und von der Energie des Alls erfüllt. Der Unterschied zwischen den verschiedenen Existenzebenen besteht lediglich in ihrer

Schwingungsfrequenz. Die Hermetiker nutzen dieses Prinzip, um die Schwingungsfrequenz von Dingen oder Situationen zu beschleunigen oder zu verlangsamen, um etwas anzuziehen, zu verändern oder zu verbannen.

Das Vierte Große Prinzip heißt Polarität. Das *Kybalion* fasst es so zusammen: »*Alles ist zwiefach; alles hat zwei Pole; alles hat sein Gegenstück; ähnlich und unähnlich sind dasselbe; Gegensätze sind wesensgleich und nur graduell verschieden; Extreme berühren sich; alle Wahrheiten sind Halbwahrheiten; alle Widersprüche lassen sich in Einklang bringen.*«

Das Vierte Prinzip erklärt, dass jede Erfahrung und Entscheidung in Wahrheit dieselbe ist. Was gegensätzlich erscheint, ist eigentlich das Gleiche, nur graduell abgewandelt.

Wohlstand und Armut sind keine Gegensätze. Sie sind verschiedene Extreme derselben Sache, sie schwingen nur unterschiedlich. Jede Situation im Leben hat solche Polaritäten und alle Schwingungsschattierungen dazwischen.

Mit Hilfe dieses Prinzips verwandeln Hermetiker unerwünschte Situationen und Gefühle in etwas Wünschenswerteres, indem sie die Schwingung der höheren Polarität annähern.

Das Fünfte Große Prinzip heißt Rhythmus. Das *Kybalion* beschreibt es in den Worten: »*Alles fließt, ein und aus;*

alles durchläuft Gezeiten; alles steigt und fällt; der Pendelschlag kommt in allem zum Ausdruck; das Maß des Ausschlags zur Rechten ist das Maß des Ausschlags zur Linken; Rhythmus gleicht aus.«

Dieses Fünfte Prinzip postuliert, dass das Universum in präzisen und vorhersehbaren Rhythmen arbeitet. Wer sich von diesen Rhythmen beherrschen lässt, dessen Stimmungen und dessen Leben ist ein ständiges Auf und Ab. Wer diese Rhythmen meistert, wird jedoch gegen die absteigenden Emotionen oder Lebenssituationen immun.

Das Sechste Große Prinzip heißt Ursache und Wirkung. Das *Kybalion* sagt dazu: *»Jede Ursache hat ihre Wirkung; jede Wirkung hat ihre Ursache; alles geschieht gesetzmäßig; Zufall ist nur der Name für ein noch nicht erkanntes Gesetz; es gibt viele Ebenen der Ursächlichkeit, aber nichts entgeht dem Gesetz.«*

Dieses Universum ist vollkommen geordnet. Nichts geschieht zufällig. Hinter jeder Wirkung gibt es eine Ursache. Ihr habt euer Leben gemeistert, wenn ihr zu der bewussten Ursache der von euch gewünschten Wirkungen werdet, statt von den Wünschen und dem Wollen anderer bestimmt zu werden. Dieses Prinzip hilft bei Heilungen und Manifestationen.

Das Siebte Große Prinzip heißt Geschlecht. Das *Kybalion* beschreibt es so: »*In allem ist Geschlecht; alles hat seine männlichen und weiblichen Prinzipien; Geschlecht manifestiert sich auf allen Ebenen.*«

Das Siebte Prinzip bezieht sich nicht auf traditionelle männliche und weibliche Rollenbilder oder menschliche Körpermerkmale. Hier geht es vielmehr um männliche und weibliche Energien. Jeder Mensch hat beide Energien in sich, da das gesamte Universum aus beidem besteht. Diese beiden Energien sind gleichermaßen mächtig und brauchen einander, um schöpferisch wirksam zu werden.

Die weibliche Energie ist magnetisch und anziehend. Die männliche Energie ist elektrisch und schöpferisch. Loslassen, Abweisen und Anziehen sind die Grundlagen der göttlichen Magie. Um zu manifestieren, müsst ihr das Erwünschte entweder anziehen oder erschaffen. Um einen beständigen Fluss der Fülle zu genießen, gilt es, mit dem ständigen Fluss des Gebens und Nehmens zu arbeiten. Das ist die Lehre dieses Prinzips.

»Der Prinzipien der Wahrheit sind sieben. Wer sie kennt, besitzt den magischen Schlüssel, durch dessen Berührung sich alle Tore des Tempels öffnen.« – Kybalion

Kapitel Zwei

Geistige Alchemie

Was auch immer in eurem Leben vor sich gehen mag, was auch immer ihr loswerden, anziehen oder erschaffen wollt, es wird euch sehr schnell möglich sein. Ein wichtiger Aspekt der göttlichen Magie ist der Prozess der Transmutation oder Verwandlung.

Im Lexikon wird Transmutation definiert als:

1. Ein Prozess, in dem ein Element in ein anderes verwandelt wird, indem es mit radioaktiven Teilchen bestrahlt oder beschossen wird.
2. Die Verwandlung einer Form, zum Beispiel von kinetischer in potenzielle Energie, oder die Verwandlung der Struktur eines Moleküls, Kristalls oder Atoms.
3. Die Veränderung einer groben Form in eine feinere.
4. Die Verwandlung von Energie in Materie oder von Materie in Energie.

Für die Hermetiker bedeutet Transmutation »eine unangenehme Erscheinung in eine angenehme Erscheinung zu verwandeln«. Das Wort »Erscheinung« ist hier mit Bedacht gewählt, denn es weist darauf hin, dass alles, was man anziehen oder abweisen möchte, nur Illusion ist. Es ist eine Ansammlung von Energie, genauso wie die Gedanken. Daher ist es genauso leicht, etwas Großes anzuziehen oder abzuweisen wie etwas Unbedeutendes zu heilen oder zu manifestieren.

Im Mittelalter galten das Studium der Hermetik und der Alchemie für viele als subversive Spinnerei. Manche studierten Hermetik, um unedle Metalle wie Blei in edle Metalle wie Gold zu verwandeln. Doch die wahren Hermetiker hielten die geistige Alchemie für ungleich wertvoller und wichtiger. Die geistige Alchemie konzentriert sich darauf, durch den Prozess der Verwandlung Gold und goldene Gelegenheiten anzuziehen.

Im Kybalion wird erklärt, dass man jedes Ding und jede Situation durch die Kraft der Gedanken transmutieren kann. Wenn ihr nach der Lektüre der folgenden Kapitel die Sieben Prinzipien erforscht und angewandt habt, wird euch klarer sein, was mit geistiger Alchemie gemeint ist.

»Der Geist (wie auch Metalle und Elemente) kann verwandelt werden, von Zustand zu Zustand, von Grad zu Grad, von Gegebenheit zu Gegebenheit, von Pol zu Pol, von Schwingung zu Schwingung. Wahre hermetische Verwandlung ist eine geistige Kunst.« – KYBALION

Die Hermetiker waren die ersten Alchemisten, Astrologen und Psychologen. Hermes war der Begründer dieser Geistesschulen. Aus der Astrologie wurde die moderne Astronomie, aus der Alchemie die moderne Chemie und aus der mystischen Psychologie die moderne Psychologie.

Es gibt viele Hinweise darauf, dass die alten Kulturen in der Astronomie, Chemie und Psychologie bewandert waren. Sie verfügten sowohl über das innere wie auch das äußere Wissen, während die heutigen Wissenschaftler meist nur das äußere Wissen haben. Zu den vielen geheimen Lehren der Hermetiker gehörte auch die Transmutation.

»Transmutation« bezieht sich in der Regel auf die Verwandlung von Metallen, vor allem von unedlen Metallen in Gold. Das Wort »transmutieren« bedeutet laut Lexikon: etwas von einer Wesensart, Form oder Substanz in eine andere zu verwandeln. »Geistige Transmutation« ist demzufolge die Kunst, geistige Zustände, Formen und Gegebenheiten in andere zu verwandeln. Daher nennen wir die geistige Transmutation auch die »Kunst der geistigen Chemie« oder »Geistige Alchemie«.

Das erste der Sieben hermetischen Prinzipien ist das Prin-

zip der Geistigkeit. Der Spruch: »Das All ist Geist; das Universum ist geistig« bedeutet, dass die dem Universum zugrunde liegende Wirklichkeit Geist und das Universum selbst geistiger Natur ist und »im Geist des Alls existiert«.

Wenn das Universum geistiger Natur ist, dann muss die geistige Transmutation die Kunst sein, die Gegebenheiten des Universums den Richtlinien der Materie, der Kraft und des Geistes entsprechend zu verwandeln. Geistige Transmutation ist wahrhaft die »Magie«, von der die Weisen der alten Zeiten in ihren mystischen Schriften sprachen und über die sie uns so wenig Praktikables hinterließen. Wenn alles geistiger Natur ist, dann kann Transmutation nicht nur Gegebenheiten verändern, die gewöhnlich als geistig gelten, sondern auch materielle Gegebenheiten.

In diesem Büchlein möchten wir die grundlegenden Prinzipien der geistigen Transmutation erläutern, um euch zu helfen, die dahinter stehenden Prinzipien besser zu erfassen und in den Besitz des Hauptschlüssels zu gelangen, der die vielen Tore zum Prinzip der Polarität öffnet.

Im nächsten Kapitel widmen wir uns zunächst dem Ersten Hermetischen Prinzip: dem Prinzip der Geistigkeit, das die Wahrheit erläutert, die in den Worten des Kybalion lautet: »Das All ist Geist; das Universum ist geistig.« Wir bitten für dieses bedeutende Prinzip um eure ganze Aufmerksamkeit, denn es ist wirklich die Grundlage der gesamten hermetischen Philosophie und der hermetischen Kunst der geistigen Transmutation.

Kapitel Drei

Erstes Grosses Prinzip: Das Prinzip des Geistigen

Das Universum und alles, was darinnen ist, wächst, bewegt und verändert sich ständig. Nichts ist von Dauer – außer der Veränderung. Die Macht, welche diese ständige Schöpfungskraft antreibt, wird das »All« genannt. Es umfasst alles, was ist, und ist daher unendlich und ewig. Das All ist lebendiger Geist, der aus unsterblicher Lebenskraft und göttlicher Weisheit besteht. Das All ist GEIST[1].

Das All durchdringt jeden Ort des Universums. GEIST durchdringt euren Körper, euer Zuhause, euer Büro und euer Auto. Es gibt keinen Ort, an dem kein GEIST ist.

[1]GEIST im Sinne von Spirit, Geist im Sinne von Mind. (Anm. d. Übers.)

Im Gegensatz zum Universum mit all seinen Kräften und Bewohnern ist das All unveränderlich. Dieser Widerspruch lässt sich durch die hermetische Lehre auflösen, dass das Universum im Geist des Alls enthalten ist. Das Gefäß (das All) ist unveränderlich, doch der Inhalt (das Universum) verändert sich immer und beständig.

Auf die gleiche Weise verändert sich der Inhalt eures Geistes ständig. Ihr könnt dieses Prinzip dafür verwenden, alles Mögliche in eurem Leben zu verändern. Da ihr in eurem Geist euer eigenes Universum erschafft (genauso wie das All in seinem Geist das Universum erschafft), könnt ihr seine Inhalte einfach ändern, indem ihr in eurem Geist euer Wünschen und Wollen ändert. In den folgenden Kapiteln werden dafür einige Prozesse vorgestellt.

Als Erstes widmet das *Kybalion* jedoch vier ganze Kapitel dem Ersten Prinzip der Geistigkeit. Die folgenden Prinzipien werden nur jeweils in einem Kapitel erläutert. Das verdeutlicht, wie wichtig das Erste Prinzip für das Verständnis und die Anwendung der übrigen Prinzipien und der Hermetik im Allgemeinen ist. Das Konzept eines geistigen Universums war zum Zeitpunkt der Veröffentlichung des *Kybalion* noch eine sehr ungewöhnliche Idee. Selbst heutzutage ist es für viele, die sich noch nicht mit Metaphysik befasst haben, eine neue Vorstellung.

Wenn ihr bereits akzeptiert habt, dass alles in eurem Leben letztendlich Gedankenform ist, dann werdet ihr dieses und die folgenden Kapitel leicht verständlich finden. Ich empfehle jedoch, trotzdem jedes Kapitel aufmerksam zu lesen, denn es finden sich Perlen der Weisheit darin, die selbst den erfahrenen Metaphysiker bereichern können. Diese Perlen sind jedoch nur für den zu erkennen, der sich dem Text sorgfältig widmet.

»Jenseits des Universums von Zeit, Raum und Veränderung befindet sich die wesentliche Wirklichkeit – die fundamentale Wahrheit.« – Kybalion

Nichts »ist« wirklich, aber alles »wird« und verändert sich. Nichts steht still, weil alles geboren wird, wächst und stirbt. In dem Augenblick, wo etwas seinen Höhepunkt erreicht, beginnt der Verfall. Das Prinzip des Rhythmus wirkt immer. Es gibt in nichts eine Wirklichkeit oder Wesenheit – nichts ist von Dauer außer der Veränderung.

Alle Dinge entwickeln sich aus anderen Dingen und werden wieder zu anderen Dingen – ein ständiger Fluss von Schöpfung und Zerstörung. Alle diese veränderlichen Dinge sind äußere Erscheinungen oder Manifestationen einer grundlegenden Kraft, welche die hermetischen Meister »Das All« nennen. Das innere Wesen des Alls ist unbegreiflich. Nur das All selbst kann sein Wesen und sein Sein begreifen.

Doch auch wenn das Wesen des Alls unbegreiflich ist, gibt es gewisse Wahrheiten über seine Existenz. Das Kybalion lehrt: »Die fundamentale Wahrheit, die wesentliche Wirk-

lichkeit, entzieht sich der Benennung, doch die Weisen nennen es das All. Die Essenz des Alls ist unbegreiflich. Aber die Äußerungen der Vernunft müssen ernst genommen und mit Respekt behandelt werden.« Die menschliche Vernunft kommt über das All zu folgenden Schlüssen, ohne damit den Schleier des Unbegreiflichen entfernen zu wollen:

1. Das All muss Alles sein, was es wirklich gibt. Außerhalb des Alls kann es nichts geben, sonst wäre es nicht das All.

2. Das All muss unendlich sein, denn nichts kann das All definieren oder begrenzen. Es muss auch zeitlich unendlich, also ewig sein. Das All muss immer und beständig existieren, denn es gibt nichts, was das All erschaffen haben könnte. Etwas entsteht nicht aus dem Nichts. Wenn das All je »nicht gewesen« wäre, selbst nur für einen Augenblick, dann könnte es jetzt nicht »sein«. Und es muss immer weiter existieren, weil es durch nichts zerstört werden kann.

Das All muss überall im Raum unendlich sein, weil es keinen Ort außerhalb des Alls gibt. Es muss ohne jede Unterbrechung oder Trennung den ganzen Raum durchdringen, weil es durch nichts unterbrochen, gestört oder begrenzt werden kann. Es unterliegt keiner anderen Kraft, denn es gibt keine andere Kraft.

3. Das All muss unveränderlich sein, denn es gibt keine Kraft außerhalb von ihm, die diese Veränderung bewirken könnte. Nichts kann hinzugefügt oder weggenommen, erweitert oder verringert, vergrößert oder verkleinert werden. Es muss immer so dagewesen sein und immer bleiben, wie es ist: das All.

Da das All unendlich, absolut, ewig und unveränderlich ist, können wir logisch folgern, dass alles Veränderliche nicht das All sein kann. Da es nichts Wirkliches gibt, was außerhalb des Alls ist, müssen alle endlichen Dinge unwirklich sein. Wir werden diesen scheinbaren Widerspruch gleich auflösen.

Das All ist weder Materie noch reine Energie, da nichts über seine Quelle hinauswachsen kann. Was ist im Universum höher als Materie und Energie? Das Leben und der Geist in ihren verschiedenen Entfaltungsstadien. Das All ist »unendlicher, lebendiger Geist«, ein Begriff, der viel höher ist als mechanische Kräfte oder Materie. Das All ist unendlicher, lebendiger Geist, das, was wir GEIST oder Spirit nennen!

Kapitel Vier

Das geistige Universum

Auf der Basis des berühmten hermetischen Grundsatzes »Wie oben, so unten« befasst sich das Kybalion ausführlich mit dem Wesen des Universums. Die Hermetik lehrt, wenn man eine Ebene der Existenz verstanden hat, verstehe man auch alle anderen Ebenen. Die Hermetiker wenden ihr irdisches Wissen auf die höheren Ebenen an und kommen so zu Schlussfolgerungen über das Universum und das All. Sie gehen davon aus, dass das »Oben« (das Universum) sich genau wie das »Unten« (die Materie) durch geistige Bilder erweitert und erschafft.

Durch eure geistigen Bilder erzeugt ihr euer eigenes Universum! Das Kybalion geht in den folgenden Kapiteln immer wieder auf dieses Prinzip ein. In diesem Kapitel wird die Grundlage für das Erste Hermetische Prinzip der Geistigkeit weiter vertieft. Dieses Prinzip muss wirklich verstanden werden, damit die anderen sinnvoll erscheinen.

»Das Universum ist geistig – der Geist des Alls enthält es.«
– Kybalion

Das All ist GEIST! Doch was ist GEIST? Diese Frage kann nicht beantwortet werden, denn der GEIST ist das All, das nicht erklärt oder definiert werden kann. GEIST ist einfach ein Name für die höchste Vorstellung des unendlichen, lebendigen Geistes. Der GEIST übersteigt unser Verständnis. Wir verwenden diesen Begriff, um vom All zu denken oder zu sprechen, während wir gleichzeitig anerkennen, dass wir es nicht vollständig begreifen können. Entweder wir gehen so damit um, oder wir müssen es ganz aufgeben, über die Angelegenheit nachzudenken.

Wenden wir uns dem Wesen des Universums zu, dem Ganzen und seinen Teilen. Was ist das Universum? Wir haben festgestellt, dass außerhalb des Alls nichts sein kann. Ist das Universum also das All? Nein, das kann nicht sein, denn das Universum verändert sich ständig, und auch in anderer Hinsicht genügt es nicht den Kriterien des Alls, die wir im letzten Kapitel aufgestellt haben.

Zuerst könnte der menschliche Verstand meinen, wenn das Universum nicht das All ist, wäre es das Nichts. Diese Antwort ist jedoch wenig befriedigend, denn wir sind uns der Existenz des Universums bewusst. Wenn das Universum also weder das All noch das Nichts ist, was könnte es dann noch sein? Wir wollen diese Frage ergründen.

Wenn das Universum tatsächlich existiert oder zu existieren scheint, muss es eine Schöpfung des Alls sein. Doch da Etwas nicht aus dem Nichts entstehen kann: Aus welcher Substanz hat das All dann das Universum erschaffen? Manche Philosophen glauben, das All habe das Universum aus sich selbst heraus erschaffen. Aber das All kann sich nicht aufteilen oder abtrennen, um ein Atom oder ein irdisches Wesen zu werden. Andere Philosophen sind zu dem Schluss gelangt, dass sie mit dem All identisch sind. Sie rufen: »Ich bin Gott!« Das ist so, als würde eine Ader behaupten, der ganze menschliche Körper zu sein.

Doch was ist das Universum, wenn es nicht ein in Fragmente aufgeteiltes All ist? Was könnte es sonst sein und woraus könnte es bestehen? Das Zweite Prinzip, das Prinzip der Analogie, und der alte hermetische Spruch »Wie oben, so unten« können uns helfen, das Wirken der höheren Ebenen durch die Erforschung unserer eigenen Ebene zu erahnen.

Auf der materiellen Ebene erschaffen Menschen etwas mit Hilfe äußerer Materialien. Diese Analogie hilft uns in unserer Frage erst mal nicht weiter, weil es außerhalb des Alls kein Material gibt, aus dem das Universum erschaffen werden könnte. Die Menschen erzeugen ihre Kinder aus einem

Teil ihrer Selbst. Doch auch dieses Bild widerspricht unserer Erkenntnis, dass das All nichts von sich abtrennen oder hinzufügen kann. Das All lässt sich auch nicht vervielfältigen.

Gibt es also einen dritten Weg, durch welchen Menschen schöpferisch tätig sind? Ja, sie erzeugen Geistiges! Geistige Schöpfungen bestehen aus keinen äußeren Materialien und erfordern keine Vermehrung oder Aufspaltung des Selbst. Doch jeder menschliche Geist erzeugt geistige Schöpfungen.

Dem Prinzip der Analogie zufolge (»Wie oben, so unten«) können wir daraus ableiten, dass das Universum geistig vom All erschaffen wird, genauso wie Menschen geistige Bilder erzeugen. Das All kann nur geistig erschaffen, ohne jedes Stoffliche (und es gibt nichts außerhalb des Alls, was es verwenden könnte) und ohne sich zu vermehren (denn ein mal eins ergibt eins).

Genauso wie ihr in eurem Geist ein Universum erschaffen könnt, erzeugt das All das Universum aus seiner eigenen Geistigkeit heraus. Euer Universum ist die geistige Schöpfung eines endlichen Geistes, doch die Schöpfung des Geistes entstammt dem Unendlichen. Beides ist einander ähnlich, doch graduell unendlich verschieden. Wir werden den Prozess der Schöpfung und Manifestation im weiteren noch näher untersuchen. Zu diesem Zeitpunkt wollen wir nur feststellen: Das Universum mitsamt allem, was es enthält, ist eine geistige Schöpfung des Alls.

»In seinem unendlichen Geist erzeugt das All unzählige Universen, die äonenlang existieren – doch für das All dauern die Erschaffung, die Entwicklung, der Niedergang und der Tod von Millionen von Universen nicht länger als einen Wimpernschlag.« –Kybalion

»Der unendliche Geist des Alls ist der Mutterschoß des Universums.«– Kybalion

Das All und das Prinzip des Geschlechts

Das Siebte Hermetische Prinzip, das Prinzip des Geschlechts (demzufolge alles im Universum aus männlichen und weiblichen Energien besteht) manifestiert sich auf allen Ebenen des Lebens, materiellen, geistigen und spirituellen. Was immer auf irgendeiner Existenzebene erschaffen oder erzeugt wird – das Prinzip des Geschlechts muss dabei sein. Dies trifft sogar für die Erschaffung des Universums zu.

Das All selbst ist jenseits von Geschlecht, denn es ist jenseits aller Gesetze, selbst von Zeit und Raum. Das All ist das Gesetz, aus dem alle Gesetze hervorgehen – doch es unterliegt ihnen nicht. Aber wenn sich das All auf den unteren Ebenen manifestiert, dann verhält es sich den Gesetzen und Prinzipien entsprechend. So manifestiert sich auf der geistigen Ebene auch das Prinzip des Geschlechts, der männlichen und weiblichen Aspekte.

Das All selbst ist nicht dual und daher geschlechtslos.

Das All ist Eins und die männlichen und weiblichen Prinzipien manifestieren sich durch das All. Das männliche Prinzip manifestiert sich, wenn das All seinen Willen auf das weibliche Prinzip (welches man auch »Natur« nennen kann) projiziert. Die Natur beginnt dann mit der eigentlichen Arbeit, dem Hervorbringen eines Universums bis hin zu Menschen und höheren Ebenen.

Falls ihr alte Gedankenbilder bevorzugt, könnt ihr euch das männliche Prinzip als Gottvater und das weibliche Prinzip als die Natur, die universelle Mutter vorstellen, aus deren Schoß alle Dinge geboren wurden. Dies ist keine poetische Redewendung, sondern es beschreibt den eigentlichen Prozess der Erschaffung des Universums. Das All ist Eins und das Universum – inklusive der männlichen und weiblichen Prinzipien – wird in seinem unendlichen Geist erzeugt, erschaffen und erhalten.

Es mag für euch hilfreich sein, das Prinzip der Analogie auf euch selbst und euren eigenen Geist anzuwenden. Jener Teil von euch, den ihr »Ich« nennt, steht am Rande und betrachtet in eurem eigenen Geist die Erschaffung geistiger Bilder. Der Teil eures Geistes, der geistige Bilder erzeugt, kann »Mich« genannt werden, im Gegensatz zu dem »Ich«, das die Ideen, Gedanken und Bilder des »Mich« beobachtet. Das »Ich« ist euer inneres männliches Prinzip und das »Mich« ist euer inneres weibliches Prinzip. Jeder Mensch trägt beide Geschlechter in sich.

Wie ein Kind empfinden wir natürliche Verehrung für das All, für unseren Mutter- und Vater-Geist. Die durch

Religion, Spiritualität und Natur ausgelösten Gefühle der Liebe und der Geborgenheit entsprechen den Gefühlen eines Kindes gegenüber seinen Eltern.

Die Erde ist nur ein kleiner Aspekt des Universums. Es enthält noch Millionen von anderen Welten. Im unendlichen Geist existieren auch noch Millionen von anderen Universen. Es gibt Wesen mit Mächten und Eigenschaften, die alles übersteigen, was sich Menschen je erträumt haben. Doch diese Wesen waren einst wie ihr, oder sie lebten auf noch tieferen Ebenen. Im Laufe der Zeit wachsen sie immer weiter, wie es die Bestimmung aller Seelen ist.

Der Tod ist nicht wirklich, selbst im relativen Sinne. Er ist nur eine Geburt in ein neues Leben. Äonenlang werdet ihr immer höhere Lebensebenen erreichen. Eure Heimat ist das Universum, und bevor die Zeiten enden, werdet ihr seine fernsten Winkel durchstreifen. Aufgehoben im unendlichen Geist des Alls sind eure Möglichkeiten und Chancen unendlich, sowohl in der Zeit als auch im Raum. Am Ende des großen Zyklus der Äonen, wenn das All seine gesamte Schöpfung wieder in sich aufnimmt, werdet ihr gerne folgen, denn dann erfahrt ihr wahre Einheit mit dem All.

Inzwischen bleibt ruhig und gelassen. Ihr seid durch die grenzenlose Macht des Mutter-Vater-Geistes sicher und behütet.

»Die sterblichen Kinder sind im Mutter-Vater-Geist zu Hause. Es gibt im Universum niemanden, der mutterlos oder vaterlos wäre.«– Kybalion

Kapitel Fünf

Das göttliche Paradox

In diesem Kapitel geht es um das Paradox, dass Materie gleichzeitig illusionär *und* real ist. Der Trick besteht darin, die materielle Welt zu genießen, ohne sich in ihren Illusionen zu verlieren.

Das *Kybalion* erklärt das göttliche Paradox so: »Das Universum ist nicht, und es ist.« Es gibt einen Unterschied zwischen der absoluten Wahrheit und der relativen Wahrheit. Nur der Schöpfer kennt die absolute Wahrheit des Universums.

Das menschliche Verständnis, dass Materie existiert, weil wir sie berühren, riechen, sehen, hören und schmecken können, ist relative Wahrheit. Relative Wahrheit beruht auf unserer menschlichen Erfahrung, ohne das ganze Wissen um die absolute Wahrheit dahinter. Wir erfahren materielle Objekte als fest. Unter dem Elektronenmikroskop sehen wir jedoch, dass scheinbar feste Dinge aus schwingenden Atomen bestehen, die im All schweben und vom All angetrieben werden.

Die Hermetik lehrt, dass es ein Fehler wäre, mit der Haltung durchs Leben zu gehen, alles sei eine Illusion. Die Hermetiker nennen das: durchs Leben schlafwandeln. Materie zu ignorieren oder zu leugnen verhilft nicht zu einem effektiveren Leben. Es ist wichtig, während unseres irdischen Daseins in menschlichen Körpern anzuerkennen, dass Materie für uns wirklich ist. Doch wir können unser Verhältnis zur Materie verändern, indem wir höher über sie denken. Das hilft uns, göttliche Magie zu praktizieren, um Körper zu heilen, Wohlstand anzuziehen und wichtige Projekte zu vollenden.

Wir können die Kontrolle über unsere materielle Existenz erlangen, indem wir zunächst die Existenz der Materie in der Illusion anerkennen und dann die höheren Kräfte der Transmutation und geistigen Schöpfung anwenden. Das *Kybalion* erklärt diesen Prozess.

»Die Halb-Weisen erkennen die verhältnismäßige Unwirklichkeit des Universums und meinen, sie könnten seinen Gesetzen trotzen. Das sind eitle, hochmütige Narren. Ihre Narrheit wird sie gegen Felsen schleudern und die

Elemente werden sie zerreißen. Der wahrhaft Weise kennt das Wesen des Universums und wendet das Gesetz gegen die Gesetze an, das Höhere gegen das Niedrigere. Durch die Kunst der Alchemie verwandelt er das Unerwünschte in das Wertvolle und triumphiert. Meisterschaft zeigt sich nicht in anormalen Träumen, Visionen oder fantastischen Bildern und Lebensweisen, sondern in dem Gebrauch der höheren Kräfte gegen die niedrigeren. Der Weise entkommt den Qualen der niederen Ebenen dadurch, dass er höher schwingt. Verwandlung, nicht hochmütige Verleugnung ist die Waffe der Meister.« – Kybalion

Dieser Sinnspruch beschreibt das Paradox des Universums. Es entsteht aus dem Prinzip der Polarität, das sich manifestiert, sobald das All anfängt, schöpferisch zu werden. Das unendliche All betrachtet das Universum und alles darin als den Traum eines meditativen Zustands. Doch in unserer endlichen Wahrnehmung müssen wir das Universum als wirklich annehmen und mit dem Verständnis der höheren Wahrheit darin leben.

Wenn Menschen so leben und handeln, als wäre das Universum nur ein Traum, stolpern sie wie Schlafwandler durchs Leben und machen keine Fortschritte. Sie werden gezwungen, zu erwachen, wenn sie mit den von ihnen missachteten Naturgesetzen in Konflikt geraten. Haltet den Geist nur auf die Sterne gerichtet, doch richtet euren Blick auf eure Füße, damit ihr nicht fallt, wenn euer Fokus zu weit emporsteigt. Tatsache ist, dass ihr jetzt hier auf Erden seid und mit ihrer Natur und ihren Gesetzen umgehen müsst. Ihr könnt das Leben jedoch genießen, wenn ihr mit den geistigen Gesetzen arbeitet, die höher stehen als die materiellen Gesetze.

Das von den Hermetikern »Gesetz des Paradoxes« genannte Gesetz ist ein Aspekt des Prinzips der Polarität. Hermetische Schriften sind voller Bezüge auf die Paradoxien des Lebens. Hermetische Lehrer ermutigen ihre Schüler ständig, die »andere Seite« einer Frage zu erwägen. Wir ermutigen euch, das göttliche Paradox des Absoluten und Relativen zu studieren und zu begreifen, um nicht im Sumpf der Halbwahrheiten zu versinken.

Vielleicht möchtet ihr der Idee, dass das Universum eine geistige Schöpfung des Alls ist und daher eine Illusion, instinktiv widersprechen. Bedenkt beides, den absoluten und den relativen Standpunkt.

Absolute Wahrheit wird definiert als das, »wie der Geist Gottes die Dinge wahrnimmt«. Die absolute Wahrheit ist, dass das sich ständig verändernde Universum im Vergleich zu dem ewig unveränderlichen All eine Illusion ist. Alles, was einen Anfang und ein Ende hat, muss in gewissem Sinne unwirklich und unwahr sein, und auch das Universum fällt unter diese Kategorie. Aus absoluter Sicht gibt es außer dem All nichts Wirkliches.

Jetzt wollen wir uns der relativen Wahrheit zuwenden, die definiert wird als »die Dinge, welche die höchste Vernunft der Menschen erfassen kann«. Auch wenn das Universum in Bezug auf das All unwirklich und illusionär ist, erscheint es doch den sterblichen Sinnen als sehr wirklich. Wir müssen die Erfahrung der menschlichen Sinne berücksichtigen, weil wir Menschen sind. Wir sind nicht das All.

Wenn ihr gegen einen Stein stoßt, spielt es keine Rolle, dass die Wissenschaft festgestellt hat, der Stein sei nicht wirklich fest. Euer Fuß spürt die Wirkung des Steins. Natürlich ist euer Fuß genauso Materie wie der Stein oder euer Gehirn. Wenn ihr von einem Stein träumen würdet, würde euch das geistige Bild auch sehr wirklich erscheinen. Wir leben in diesem illusionären Universum, deshalb erscheint es uns wirklich. Wir müssten das All sein, um es anders wahrzunehmen. Erst wenn das All uns wieder in sich aufnimmt, wird das Trugbild verschwinden.

Es ist also wenig sinnvoll, sich bei dem Thema Illusion aufzuhalten. Statt dessen wollen wir uns dem wahren Wesen des Universums zuwenden. Wir wollen versuchen, seine geistigen Gesetze zu verstehen und sie für unseren Fortschritt im Leben einzusetzen. In der Geistigkeit des Universums sind die geistigen Gesetze unumstößlich. Alles außer dem All ist daran gebunden.

Solange wir auf der materiellen Erdenebene leben, ist Materie für uns wirklich. Materie wird nicht weniger wirklich, nur weil wir die wissenschaftliche Wahrheit über Atome oder die hermetische Wahrheit über den geistigen Ursprung des Universums kennen.

Wir können die Materie kontrollieren, wenn wir höhere Kräfte anwenden. Das ist besser als so zu tun, als gäbe es die Materie nicht. Die Gesetze der Natur sind konstant und wir können ihnen nicht entkommen. Wir können sie jedoch überwinden, indem wir höhere Gesetze anwenden.

Das Universum und seine Gesetze und Erscheinungen sind, was Menschen betrifft, sehr wirklich. Doch das Universum verändert sich auch ständig, ist also im absoluten Sinne unwirklich. Trotzdem müssen wir so leben, als seien das flüchtige Universum und seine Materie real. In der materiellen Welt stellt die Geistigkeit, die Macht der Gedanken, die größte Naturkraft dar.

Denkt an die weisen Worte des Kybalion: *»Meisterschaft zeigt sich nicht in anormalen Träumen, Visionen oder fantastischen Bildern und Lebensweisen, sondern in dem Gebrauch der höheren Kräfte gegen die niedrigeren. Der Weise entkommt den Qualen der niedrigeren Ebenen dadurch, dass er höher schwingt.« Denkt immer daran: »Verwandlung, nicht hochmütige Verleugnung, ist die Waffe der Meister.«*

Wir leben nicht in einer Welt der Träume, sondern in einem Universum, das in Bezug auf unser Leben und Handeln sehr wirklich ist. Unsere Aufgabe im Universum besteht nicht darin, seine Existenz zu leugnen, sondern zu leben und die Gesetze zu nutzen, um vom Niedrigeren zum Höheren aufzusteigen und aus den täglichen Umständen das Beste zu machen.

Es gibt nichts zu fürchten, wir alle sind im unendlichen Geist des Alls aufgehoben. Es gibt keine Macht außer dem All, die auf uns einwirken könnte, wir können also ruhig bleiben und uns sicher fühlen.

Kapitel Sechs

»Das All« in Allem

Nach der Erkundung des paradoxen Universums befasst sich das Kybalion mit dem Schöpfer. Es verfolgt dabei die gleiche hermetische »Wie oben, so unten«-Denkweise.

Wenn ein Autor eine Romanfigur entwirft, dann enthält sie immer etwas vom Autor selbst. Auf die gleiche Weise ist ein Teil des Schöpfers in jedem von uns. Doch genauso wenig, wie Romeo genauso ist wie Shakespeare, sind wir nicht genauso wie der Schöpfer.

Es gibt einen Teil in uns, der nicht dem Schöpfer gleicht – ein weiteres göttliches Paradox. Wir sind nach dem Bilde Gottes erschaffen und gleichzeitig nicht dem Schöpfer gleich. Den Teil von uns, der nicht Schöpfer-ähnlich ist, nennen wir »Ego« oder den »Schatten«.

»Alles ist im All und gleichzeitig ist das All in Allem. Wer diese Wahrheit wahrhaft versteht, hat großes Wissen erlangt.«

– Kybalion

Wir haben euch das hermetische Wissen über die Geistigkeit des Universums anvertraut, die Wahrheit, dass das Universum geistig ist, aufgehoben im Geist des Alls.

Jetzt wollen wir den obigen Satz aus dem Kybalion untersuchen: »Alles ist im All und gleichzeitig ist das All in Allem.« Diese scheinbar widersprüchliche Behauptung ist unter dem Prinzip des Paradoxes vereinbar. Es ist sogar eine genaue hermetische Beschreibung der Beziehung zwischen dem All und seinem geistigen Universum.

Das All ist in jedem Teilchen des Universums allgegenwärtig. Es ist ähnlich wie bei einer Romanfigur. Während man das Buch liest, scheint die Figur ein Eigenleben zu führen. Doch sie enthält auch etwas von der Essenz des Autors. Tatsächlich stammt das gesamte Leben und die Wirklichkeit dieser Figur aus den geistigen Bildern des Autors.

Othello und Hamlet existierten zum Zeitpunkt ihrer Erschaffung lediglich in Shakespeares Geist. Und doch lebte Shakespeare auch in jedem dieser Charaktere und verlieh ihnen Lebendigkeit, Geist und Tatkraft. Wessen »Geist« haben diese Personen nun? Ist es Shakespeares Geist oder haben sie einen eigenen Geist, unabhängig von ihrem Schöpfer? Verfügen sie über eine eigenständige Wirklichkeit oder repräsentieren sie die spirituelle und geistige Kraft des Autors?

Das Gesetz des Paradoxes sagt, dass beides wahr ist. Hamlet ist sowohl Hamlet als auch Shakespeare. Und doch sind Shakespeare und Hamlet nicht gleich. Hamlet kann ausrufen: »Der Geist meines Schöpfers ist in mir und doch bin ich nicht Er!« Diese Wahrheit steht in deutlichem Kontrast zu der häufig gehörten Behauptung: »Ich bin Gott.« Das ist so, als würde Hamlet sagen: »Ich bin Shakespeare.«

Das All ist im Regenwurm, doch der Regenwurm ist weit davon entfernt, das All zu sein. Und auch wenn der Regenwurm als ein niederes Wesen erscheint, wurde er doch im Geist des Alls erschaffen. Das All ist also im Regenwurm und all seinen Teilchen immanent.

Selbst diese Veranschaulichungen sind unzureichend, da sie Schöpfungen unseres endlichen Geistes sind, während das Universum eine Schöpfung des unendlichen Geistes ist. Der Unterschied zwischen den Polaritäten trennt sie, doch es ist nur ein gradueller Unterschied, wie uns das Prinzip der Analogie in Erinnerung ruft: »Wie oben, so unten.«

In dem Maße, wie ihr die Existenz des GEISTES in eurem Sein erkennt, werdet ihr auf der geistigen Skala des Lebens aufsteigen. Das ist es, was spirituelle Entwicklung bedeutet. Es gibt im Universum viele Existenzebenen, die niedrigste ist die Dichte der Materie und die höchste ist der GEIST des Alls. Auf dieser Skala bewegt sich alles aufwärts. Aller Fortschritt ist Heimkehr.

Das All erzeugt, indem es seinen Willen mit der Absicht des »Werdens« projiziert. Diese Willensprojektion verlangsamt dann ihre Schwingung, sodass Materie entsteht. In die-

sem Prozess der sogenannten »Involution« hüllt sich das All in seine Schöpfungen. Dies entspricht einem Künstler, der während seines Schaffens seine eigene Existenz vergisst. Der Künstler lebt vorübergehend in und durch seine Schöpfung und verleiht seinem Kunstwerk dadurch Leben.

Wie ihr in dem Kapitel über das Prinzip der Polarität lesen werdet, hat alles im Universum zwei Pole, wie eine Skala mit zwei Enden, einem oberen und einem unteren und allen Abstufungen dazwischen. Der äußerste Pol des Schöpfungsprozesses, die Involution, ist am weitesten vom All entfernt. Der andere Pol ist die Evolution, die Heimkehr ins All, in welcher alles wieder in den Ausgangspunkt hineingezogen wird.

Die involutionäre Phase der Schöpfung wird manchmal auch das »Ausgießen der göttlichen Energie« und die evolutionäre Phase das »Einziehen göttlicher Energie« genannt.

Wie ihr in dem Kapitel über das Prinzip des Rhythmus lesen werdet, schwingt alles im Universum dem Prinzip der Polarität entsprechend wie ein Pendel von Pol zu Pol. Während des Ausgießens der göttlichen Energie durch das All werden die Schwingungen immer niedriger, bis das Momentum sich ganz auflöst. Dann beginnt die Rückkehr des Pendels zu dem evolutionären Ende des schöpferischen Spektrums.

Während der Phase des Ausgießens manifestiert sich die schöpferische Kraft des Alls als kompaktes Ganzes. Während der evolutionären oder einziehenden Phase wird die Schöpfung individualisiert. Wenn das Pendel im schöpferischen Spektrum zu den höchsten Schwingungen des Alls hin ausschlägt, kehrt das Individuum zu seiner Quelle zurück.

Die alten Hermetiker verwendeten den Begriff »Meditation«, um den Prozess der geistigen Schöpfung des Universums durch den Geist des Alls zu beschreiben. Sie verwendeten auch den Begriff »göttliche Aufmerksamkeit«, um den schöpferischen Prozess des Alls zu beschreiben, da die Wurzel des Wortes »Attention« (engl. für Aufmerksamkeit) sich von einem lateinischen Wort herleitet, das »Ausdehnung, Hinüberreichen, Erweitern« bedeutet. Göttliche Aufmerksamkeit bedeutet also eine Ausdehnung der geistigen Energie des Alls.

Die Hermetiker verwenden den Begriff »Evolution«, um den Prozess des Aufstiegs oder spirituellen Wachstums zu bezeichnen. Die Evolution entstand, als das All über den Anfang der Schöpfung meditierte und die materiellen Grundlagen des Universums erschuf, indem es sie erdachte. Dann erwachte das All allmählich aus seiner Meditation. So wie ein erwachender, noch schlaftrunkener Mensch sich langsam aus dem Liegen erhebt, reagierte auch das Universum auf das Erwachen des Alls, indem es sich in eine höhere Schwingung erhob. Irgendwann ist der Geist jeder Seele unendlich erweitert und Schöpfer und Schöpfung sind eins geworden.

Schöpfung und Evolution brauchen Äonen irdischer Zeit, und jedes Äon besteht aus Millionen von Jahren. Doch aus der Perspektive des Alls dauert der gesamte Zyklus der Involution und Evolution nur einen Augenblick.

Diese Veranschaulichung der »Meditation« des Alls und des »Erwachens« des Alls aus der Meditation sind nur Versuche des Lehrers, den unendlichen Prozess durch ein end-

liches Beispiel zu beschreiben. Doch: »Wie oben, so unten«, der Unterschied ist nur graduell. Genauso wie das All sich aus der Meditation des Universums erhebt, so hört auch der Mensch irgendwann auf, sich auf der materiellen Ebene zu manifestieren und zieht sich mehr in den ihm innewohnenden GEIST zurück.

Ihr fragt euch, warum das All Universen erzeugt? Seit Urzeiten sinnen die Menschen über diese Frage nach. Manche meinen, das All gewinne etwas daraus, aber das ist absurd, denn was könnte das All gewinnen, was es nicht bereits besitzt? Andere schlagen vor, dass das All etwas lieben wolle. Manche glauben, das All habe zu seinem Vergnügen erschaffen oder zu seiner Belustigung, weil es einsam war oder seine Kraft ausprobieren wollte.

Eine weitere Theorie besagt, dass das All sich durch sein inneres Wesen und seinen schöpferischen Instinkt dazu getrieben fühlte, schöpferisch tätig zu werden. Doch wenn das All getrieben würde, bedürfte es dazu einer Kraft, die außerhalb von ihm liegt, was unmöglich ist. Die Theorie würde auch bedeuten, dass der schöpferische Instinkt das Absolute ist und nicht das All, was auch unmöglich ist. Doch das All erzeugt und manifestiert. Das Wesen des Alls scheint auch den schöpferischen Instinkten des Menschen zu entsprechen, gemäß dem Prinzip der Analogie.

Das All könnte nicht handeln, wenn es nicht handeln wollte, und es könnte nicht handeln wollen, wenn es nicht den Wunsch hätte, zu handeln und es würde nicht zu handeln wünschen, wenn es nicht irgendeine Art von Befriedigung daraus ziehen würde. Wir ziehen es dennoch vor, uns das All völlig frei von allen inneren oder äußeren Einflüssen vorzustellen.

Es kann für das Handeln des Alls keinen Grund geben, denn ein Grund müsste eine Ursache haben. Das All steht jedoch über dem Prinzip von Ursache und Wirkung. Dies ist ein Gesetz des Universums, nicht des Alls. Die einzige Ausnahme ist, wenn das All zur Ursache werden will. *Das lässt das Prinzip dann aktiv werden.*

Da das All unbegreiflich ist, sind wir zufrieden zu sagen, dass das All »ist«. Daraus leiten wir ab, dass das All handelt, weil es handelt. Das All ist sich selbst Grund genug und Gesetz genug. Anders gesagt: Das All ist sein eigener Grund, sein eigenes Gesetz und sein eigenes Handeln. Oder noch weiter gefasst: Das All ist Eins mit Grund, Gesetz und Handlung.

Wir meinen, dass die Antwort auf die Frage »Warum erzeugt das All Universen?« im inneren Selbst des Alls verschlossen liegt, in dem Geheimnis seines Seins. Das Prinzip der Analogie erreicht nur den Aspekt des Alls, den wir das »Werden« nennen. Dahinter steht das Sein des Alls, in dem sich alle Prinzipien und Gesetze vereinen. An diesem Punkt wird jegliche metaphysische Spekulation sinnlos. Wir erkennen die Frage, doch keine gewöhnliche Antwort vermag logischen Erwägungen standzuhalten.

Die Legende besagt, dass Hermes, als ihm diese Frage gestellt wurde, die Lippen zusammenpresste und kein Wort sagte. Das bedeutete, es gibt keine Antwort. Möglicherweise hielt er sich auch an den hermetischen Spruch: »Die Lippen der Weisheit sind verschlossen, doch nicht für die Ohren des Verstehens«, in der Annahme, dass seine Zuhörer noch nicht über das notwendige Verständnis verfügten. Falls Hermes die Antwort kannte, hat er sie jedenfalls nicht weitergegeben. Was unsere Welt betrifft sind Hermes' Lippen immer noch verschlossen. Und wo Hermes zögerte, eine Frage zu beantworten, wie können wir dann von gewöhnlichen Sterblichen eine Antwort erwarten?

Falls die Frage überhaupt zu beantworten ist, gilt die hermetisches Wahrheit: »Alles ist im All, und gleichzeitig ist das All in Allem. Wer diese Wahrheit wahrhaft versteht, hat großes Wissen erlangt.«

Kapitel Sieben

Zweites Grosses Prinzip: Das Prinzip der Analogie

Nachdem die Grundlagen für ein Verständnis des geistigen Wesens des Universums und des Alls gelegt wurden, beschleunigt das Kybalion das Tempo etwas. Bislang hat es faszinierende philosophische Erörterungen präsentiert, ohne sich viel um die Anwendung zu kümmern.

In diesem und den folgenden Kapiteln (vor allem bei dem vierten Prinzip der Polarität) lernt ihr, wie ihr das hermetische Wissen zur Verbesserung eurer Lebensqualität anwenden könnt.

Das Prinzip der Analogie bezieht sich auf drei Ebenen der Existenz: physisch, geistig und spirituell. Jede Ebene hat eine andere Schwingung und diese Schwingungsunterschiede sind das Einzige, was sie voneinander unterscheidet. Abgesehen davon sind alle drei Ebenen Aspekte des Alls. Die höhere spirituelle Ebene schwingt am schnellsten und die niedrigeren materiellen Ebenen schwingen am langsamsten (deshalb erscheint Materie als fest).

Die materielle Ebene wird in die Unterkategorien Materie, ätherische Substanz und Energie unterschieden, von denen letztere die schnellste Schwingung aufweist. Ähnlich ist die geistige Ebene unterteilt (von niedriger zu höherer Schwingung) in Mineral, Pflanze, Elementar, Tier und menschlicher Geist. Der mineralische Geist ist die Gedankenkraft des Mineralreichs, der Pflanzengeist ist die Intelligenz in den Pflanzen und so weiter. Die Unterebenen der spirituellen Ebene sind Engel, Erzengel und Gottheiten.

»Wie oben, so unten« bezieht sich auch auf die drei Ebenen und ihre Unterteilungen. Das Kybalion sagt dazu: »Zwischen den verschiedenen Ebenen gibt es Entsprechungen, Harmonien und Übereinstimmungen.« Auf jeder Ebene gilt sowohl das Prinzip der Analogie als auch die übrigen Prinzipien von Schwingung, Polarität, Rhythmus, Ursache und Wirkung und von Geschlecht.

»Wie oben, so unten.« – Kybalion

Das Zweite Hermetische Prinzip beschreibt die Harmonien, die Übereinstimmungen und die Analogien zwischen den Ebenen der Manifestation, des Lebens und des Seins. Alles im Universum entstammt derselben Quelle. Unabhängig davon, auf welcher Ebene etwas existiert, es unterliegt den gleichen Gesetzen, Prinzipien und Eigenschaften.

Die hermetische Philosophie teilt die Erscheinungen des Universums in drei große Klassen ein, die als die drei großen Ebenen bekannt sind:

1. *Die große physische Ebene*
2. *Die große geistige Ebene*
3. *Die große spirituelle Ebene*

Diese Einteilung hat etwas Künstliches und Zufälliges, denn die drei Ebenen entwickeln sich graduell von dem niedrigsten Zustand der Materie zu dem höchsten Zustand des GEISTES. Sie verlaufen in ineinander übergehenden Schattierungen, ohne dass es eine starre Grenze zwischen beispielsweise den höheren Erscheinungen der physischen Ebene und den niedrigeren Erscheinungen der geistigen Ebene gäbe. Die drei großen Ebenen sind also als Gruppierungen von graduellen Abstufungen der Manifestationen des Lebens anzusehen.

Diese Ebenen sind nicht räumlicher Natur, und doch sind sie mehr als ein Zustand oder eine Gegebenheit. Sie haben weder Länge noch Breite noch Tiefe, sondern existieren in der »vierten Dimension« der Schwingungen.

Das Universum befindet sich in ständiger Bewegung – es

schwingt in verschiedenen Rhythmen, Geschwindigkeiten und Richtungen. Die einzige Variable, welche die Ebenen voneinander unterscheidet, ist also die Schwingung. Je höher die Schwingung, desto höher die Ebene. Abgesehen von den Schwingungsunterschieden sind alle Ebenen dahingehend gleich, dass sie Schöpfungen des Alls sind, aufgehoben im unendlichen Geist.

Jede der drei großen Ebenen besteht aus sieben kleinen Ebenen, die wiederum in sieben Unterebenen aufgeteilt sind. Alle diese Unterteilungen sind zufällig, denn sie gehen alle ineinander über. Doch für das Studium und das Denken sind sie nützlich.

Die physische Ebene

Die große physische Ebene und ihre sieben kleinen Ebenen umfassen alles Physische und Materielle inklusive der Physik, der Energie, der Kräfte und Erscheinungen. Denkt daran, dass wir Materie in der Hermetik als dichte Energieformen mit langsamen Schwingungen betrachten. Die Hermetiker ordnen die Materie also unter der Kategorie »Energie« ein und weisen ihr drei der sieben Unterebenen zu.

Die sieben kleinen Ebenen sind:
1. Die Ebene der Materie (A)
2. Die Ebene der Materie (B)
3. Die Ebene der Materie (C)

4. Die Ebene der ätherischen Substanz
5. Die Ebene der Energie (A)
6. Die Ebene der Energie (B)
7. Die Ebene der Energie (C)

Zu der A-Ebene der Materie gehören feste Stoffe, Flüssigkeiten und Gase. Zu der B-Ebene der Materie gehören höhere, subtilere materielle Zustände wie Radiowellen und Teilchen. Die C-Ebene der Materie umfasst die subtilste, feinste Materie, deren Existenz von gewöhnlichen Wissenschaftlern noch nicht einmal vermutet wird. Die Ebene der ätherischen Substanzen besteht aus Äther, einer extrem elastischen Substanz, die den gesamten Raum durchdringt und das Medium der Energiewellen darstellt.

Die nächsthöhere Schwingungsstufe ist die fünfte Ebene, die A-Ebene der Energie. Zu ihr gehören Hitze, Licht, Magnetismus, Elektrizität und Anziehungskräfte wie Schwerkraft, Kohäsion und chemische Affinität. Die B-Ebene der Energie besteht aus höheren Energieformen, die der Wissenschaft noch unbekannt sind. Diese »feineren Naturkräfte« leiten die Energien von geistigen Phänomenen wie Telepathie. Die C-Ebene der Energie bezieht sich auf eine so hoch organisierte Energie, dass sie in vielem dem entspricht, was wir »Leben« nennen. Diese Energie ist nur Wesen der spirituellen Ebene und wenigen Eingeweihten, die bereits während ihres Erdenlebens diese Ebene erfahren, bekannt.

Die geistige Ebene

Die große geistige Ebene umfasst lebendige Dinge, die uns im gewöhnlichen Leben bekannt sind, und andere Lebensformen, die nur Okkultisten kennen. Genauso wie die physische Ebene ist auch die geistige Ebene in ihre sieben kleinen Ebenen unterteilt:

1. *Die Ebene des mineralischen Geistes.*
2. *Die Ebene des elementaren Geistes (A).*
3. *Die Ebene des Pflanzengeistes.*
4. *Die Ebene des elementaren Geistes (B).*
5. *Die Ebene des Tiergeistes.*
6. *Die Ebene des elementaren Geistes (C).*
7. *Die Ebene des menschlichen Geistes.*

Die Ebene des mineralischen Geistes besteht aus den Gegebenheiten und Zuständen jener Wesen, welche die Mineralien und Chemikalien beleben. Diese Wesen sind nicht mit Molekülen und Atomen zu verwechseln. Das sind lediglich die materiellen Erscheinungen dieser Wesen, so wie der Körper eines Menschen nur seine materielle Form ist und nicht er selbst.

Man kann diese Wesen »Seelen« nennen. Sie sind lebendige Wesen einer langsamen Schwingungsfrequenz, die nur wenig schneller ist als die lebendige Energie der höchsten physischen Ebene. Der gewöhnliche Geist des Menschen erkennt die Seele oder das Leben der mineralischen Welt nicht an.

Doch alle Okkultisten erkennen ihre Existenz an, und die moderne Wissenschaft bewegt sich in dieser Hinsicht rasch auf die Sichtweise der Hermetiker zu.

Moleküle, Atome und Elementarteilchen haben Vorlieben und Abneigungen, fühlen sich angezogen und abgestoßen. Mancher mutige Wissenschaftler hat geäußert, dass die Empfindungen der Atome sich nur graduell von den Empfindungen der Menschen unterscheiden. Alle Okkultisten wissen, dass dies eine Tatsache ist.

Die A-Ebene des elementaren Geistes umfasst die grundlegenden Elementarwesen. Auch wenn sie für die gewöhnlichen menschlichen Sinne unsichtbar sind, existieren sie doch und spielen ihre Rolle im Drama des Universums. Ihre Intelligenz liegt zwischen der von mineralischen und chemischen Wesen auf der einen Seite und der von Pflanzenwesen auf der anderen Seite.

Die Ebene des Pflanzengeistes bezieht sich auf das ganze Reich der Pflanzenwelt. Pflanzen haben Leben, Geist und Seelen. Die B-Ebene des elementaren Geistes besteht aus höher schwingenden und intelligenteren Elementaren. Die Ebene des Tiergeistes umfasst die Wesen oder Seelen, welche den Tierformen Leben verleihen. Und in der C-Ebene des elementaren Geistes befinden sich die am höchsten schwingenden und intelligentesten Elementarwesen wie Feen, Elfen, Zwerge und dergleichen.

Zu der Ebene des menschlichen Geistes gehören das menschliche Leben und der menschliche Geist. Genauso wie die anderen, hat auch diese Ebene sieben Unterebenen, von *der niedrigsten Schwingung der niedrigsten Intelligenz zu der höchsten Schwingung spiritueller Weisheit und Intelligenz. Die Menschheit hat Millionen von Jahren gebraucht, um kollektiv die vierte Unterebene der Schwingung und Intelligenz zu erreichen. Manche hoch entwickelte Seelen schwingen auch auf der fünften, sechsten oder siebten Unterebene. Es gibt sogar Menschen, die auf den unteren Ebenen der nächsthöheren großen Ebene existieren, auf der großen spirituellen Ebene.*

Die spirituelle Ebene

Die große spirituelle Ebene umfasst genauso wie die anderen sieben kleine Ebenen, die wiederum in sieben Unterebenen unterteilt sind. Hier geht es um Wesen, deren Leben, Geist und Gestalt auf den höchsten Ebenen schwingt. Auf der untersten Unterebene findet man noch Menschen, welche zum Avatar oder Adepten geworden sind. Über ihnen stehen die Engel und Erzengel, die Aufgestiegenen Meister und die Gottheiten. Diese unsichtbaren himmlischen Helfer verschenken freigebig ihren Einfluss auf den Prozess der Evolution und den kosmischen Fortschritt. Sie schreiten auch in menschliche Belange ein und helfen, wo sie können.

Doch selbst die höchsten dieser hohen Wesen sind immer noch eine Schöpfung im Geist des Alls und unterliegen den universellen Gesetzen. In diesem Sinne sind sie Sterbliche, denn sie gehören zum Universum mit all seinen Bedingtheiten.

Nach dem Prinzip der Analogie, das der Wahrheit »Wie oben, so unten« entspricht, wirken die Sieben Hermetischen Prinzipien auf jeder Ebene des Seins. Zwischen den Ebenen gibt es Analogien, Harmonien und Übereinstimmungen.

»Wie oben, so unten.« Dieser jahrhundertealte hermetische Grundsatz enthält eines der großen Prinzipien der universellen Erscheinungen. Wenn wir uns den übrigen Prinzipien zuwenden, wird die Wahrheit des Prinzips der Analogie noch deutlicher werden.

Kapitel Acht

Drittes Grosses Prinzip: Das Prinzip der Schwingung

Lange vor der Erfindung von Mikroskopen lehrte Hermes bereits, dass sich alles ständig bewegt, dass nichts ruht. Wie im vorigen Kapitel erläutert, unterscheiden sich die analogen Ebenen durch Schwingung.

Das All schwingt ständig auf einer sehr hohen Frequenz. Die niedrigste Schwingungsfrequenz bildet die Materie. Die anderen analogen Ebenen schwingen zwischen diesen beiden Extremen.

Die materielle Ebene besteht aus schwingenden Atomen. Wenn sich ein materielles Objekt schnell genug dreht (oder eben schwingt), wird es für die menschlichen Sinne unsichtbar oder unhörbar. Es verlässt sozusagen die materielle Ebene und schwingt sich auf die geistige oder spirituelle Ebene hinauf. Genauso könnt ihr auch die Schwingung von Dingen und Gedanken erhöhen und so auf die höheren Ebenen der Existenz heben.

Jeder Gedanke, jedes Gefühl und jeder geistige Zustand schwingt auf einer anderen Frequenz, ähnlich wie Töne der Musik. Und genauso, wie man absichtsvoll einen bestimmten Ton erzeugen kann, kann man sich auch entscheiden, Gedanken, Emotionen oder geistige Zustände auf einer bestimmten Schwingung zu halten.

Jeder Gedanke, jedes Gefühl und jeder Wunsch schwingt und zieht damit Erfahrungen an, die ähnlich schwingen. Wenn ihr bessere Erfahrungen machen wollt, müsst ihr eure Gedanken und Gefühle anheben. Das Prinzip der Schwingung erklärt, dass wir unseren Geist auf jede beliebige Schwingungsrate erheben können und damit die vollkommene Kontrolle über unsere geistige Verfassung, unsere Stimmungen und Erfahrungen haben.

Ein gewisser Teil unserer Gedanken-Schwingungen beeinflusst auch den Geist anderer Menschen. Dieses Phänomen heißt »Telepathie«. Ihr könnt die Schwingungen der Menschen in eurer Umgebung anheben, indem ihr positive Gedanken denkt und ausstrahlt. Ihr könnt auch die Schwingung von materiellen Dingen ändern, um sie in euer Leben zu holen, zu reparieren oder etwas Unerwünschtes loszuwerden.

Wer sich mit den Prinzipien der Schwingung befasst,

lebt nach höheren Gesetzen als den physischen und scheint Schwerkraft, Zeit und Raum zum Trotz Wunder zu vollbringen. Das Kybalion sagt dazu: »Wer das Prinzip der Schwingung begreift, hat das Zepter der Macht ergriffen.«

»Nichts ruht; alles bewegt sich; alles schwingt.« – KYBALION

Das Dritte Hermetische Prinzip, das Prinzip der Schwingung, verkörpert die Wahrheit, dass alles im Universum in Bewegung ist. Nichts ruht, alles bewegt sich, schwingt und kreist.

Schon die frühen griechischen Philosophen bezogen dieses Prinzip in ihre Systeme ein, doch dann geriet es jahrhundertelang in Vergessenheit. Erst im neunzehnten Jahrhundert, als die Wissenschaftler die Atome und die Radioaktivität entdeckten, wurde es wieder wahrgenommen. Jetzt ist auch der Wissenschaft klar, dass Materie und Energie verschiedene Modalitäten schwingender Bewegungen sind, und bald wird sie erkennen, dass es sich bei den geistigen Phänomenen ganz genauso verhält.

Die Unterschiede der verschiedenen Manifestationen des Universums beruhen einzig auf unterschiedlichen Schwingungsfrequenzen. Selbst das All manifestiert sich als gleichmäßige, unglaublich schnelle Schwingung. Die Bandbreite der Schwingung reicht vom GEIST am einen Ende zu ganz langsam schwingenden Formen der Materie am anderen Ende. Zwischen diesen beiden Polen gibt es Millionen unterschiedlicher Frequenzen und Schwingungsarten.

Das tägliche Leben ist voller Beispiele für ansteigende Schwingungen. Wenn ein Ton höher wird, erhöht sich seine Frequenz. Irgendwann wird der Ton und seine Schwingung so hoch, dass wir ihn nicht mehr hören können. Farben sind ein weiteres Beispiel. Für das menschliche Auge ist Rot die niedrigste Schwingung und Violett die höchste. Doch es gibt noch höhere Töne, Farben und Energien, als der Mensch wahrnehmen kann.

Wenn ein Objekt schnell genug schwingt, zersetzen sich seine Moleküle in die einzelnen Atome, aus denen sie bestehen. Dem Gesetz der Schwingung zufolge teilen sich diese Atome dann weiter in die unzähligen Elektronen und Protonen, aus denen sie bestehen. Und wenn die Schwingung weiter ansteigt, werden auch diese sich irgendwann aufsplittern. Dann bleibt nur noch ätherische Substanz übrig. Die schnelleren Schwingungen befreien das Licht, die Wärme und andere Energien, die zuvor in den Molekülen und Atomen des Gegenstands gebunden waren. Wenn die Schwingung weiter zunähme, würde das dematerialisierte Objekt zuerst in die geistigen und dann in die spirituellen Seins-Ebenen übergehen, um sich dann irgendwann wieder mit dem All zu vereinen.

Und genauso, wie man einen Ton reproduzieren kann, indem man ein Instrument dazu bringt, auf eine bestimmte

Art zu schwingen, kann man auch geistige Zustände nach Wunsch herstellen. Ihr könnt also euren geistigen Zustand steuern und eure Schwingung so erhöhen, wie ihr es wünscht.

Jeder Gedanke, jedes Gefühl, jeder Wille, jeder Wunsch und jeder Geisteszustand wird von einer Schwingung begleitet, von der ein gewisser Teil durch »Induktion« den Geist anderer Menschen beeinflussen kann. Dadurch entstehen dann Telepathie und andere psychische Phänomene.

Mit ein wenig Nachsinnen werdet ihr erkennen, dass hinter den von Meistern und Adepten hervorgerufenen, den Naturgesetzen trotzenden, wundervollen Erscheinungen und Mächten das Prinzip der Schwingung steht. Tatsächlich setzen sie einfach ein Gesetz gegen das andere ein, um bestimmte Ergebnisse zu erzielen. Sie haben gelernt, die Schwingung materieller Dinge und anderer Energieformen zu verändern und »Wunder« zu vollbringen. Ganz dem hermetischen Satz entsprechend: »Wer das Prinzip der Schwingung begreift, hat das Zepter der Macht ergriffen.«

Kapitel Neun

Viertes Grosses Prinzip: Das Prinzip der Polarität

Man könnte das Prinzip der Polarität auch das Prinzip der Praktikabilität nennen, denn es ist ein äußerst praktisches Werkzeug, um mit göttlicher Magie zu leben, zu manifestieren, zu heilen und sie auszuüben. In den ersten drei Prinzipien ging es darum, dass die materiellen, geistigen und spirituellen Ebenen aus derselben Energie bestehen wie das, was die Hermetiker das All nennen. Die Unterschiede auf den Ebenen existieren nur, weil sie unterschiedlich schwingen.

Das Vierte Prinzip besagt, dass alles zwei Polaritäten oder Extreme hat. Diese scheinbaren Gegensätze gehören zum gleichen Spektrum, sie sind einfach zwei Enden derselben Skala. Heiß und kalt zum Beispiel sind einfach die zwei Pole des Spektrums der Temperatur.

Das *Kybalion* sagt dazu: »Der Unterschied zwischen einander entgegengesetzten Dingen ist nur gradueller Art.«

Zwischen den beiden Polaritäten heiß und kalt gibt es unzählige Abstufungen von kühl und warm. Genauso ist es bei allen anderen scheinbaren Gegensätzen: hart und weich, laut und leise, hell und dunkel, gut und schlecht, Liebe und Angst. Wer das eine hat, hat auch das Potenzial für das Gegenteil.

Das Prinzip der Polarität befähigt euch, eine unerwünschte Situation in ihr Gegenteil zu verwandeln und eine angenehme Situation zu erschaffen. Wenn es in eurem Leben etwas Unangenehmes gibt, bedeutet es, dass auch das »Gegenteil« gegenwärtig ist.

Dieses Prinzip bedeutet, dass ihr durch das Anheben eurer geistigen Schwingung das Unerwünschte verbannen und das Angenehme anziehen könnt. Nehmen wir das Beispiel des Geldes. Der eine Pol ist der Wohlstand: Man besitzt so viel Geld, wie man sich nur wünschen kann. Der andere Pol ist die Armut: Man hat zu wenig Geld, um seine Grundbedürfnisse zu befriedigen. Zwischen diesen beiden Extremen gibt es unzählige finanzielle Situationen.

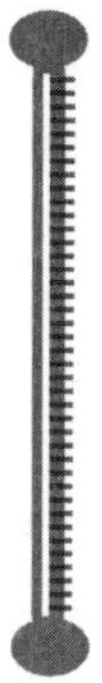

Das Spektrum des Geldes

Menschen, die sich Sorgen um Geld machen oder darüber klagen, dass es nie genug sei, neigen sich mit ihren Gedanken in Richtung des Pols der Armut und ziehen diese konsequenterweise an. Doch selbst wer gerade kein Geld hat, kann sich das Prinzip der Polarität zunutze machen, um seine finanzielle Situation zu verbessern.

Stellt euch vor, das Spektrum des Geldes wäre auf einer Skala dargestellt, wie auf einem Thermometer. Am unteren Ende der Skala liegt das Extrem der Armut und am oberen Ende das Extrem des Wohlstands. Das Ganze ist mit einem Regler versehen. Um mehr Geld anzuziehen, könnt ihr eure Schwingung einfach dadurch erhöhen, dass ihr innerlich den Regler so weit nach oben wandern lasst, wie möglich. Selbst wenn ihr euch gerade um Geld sorgt, könnt ihr den Regler willentlich oben halten. Diese Vorstellung kann günstige Gelegenheiten für Wohlstand anziehen, solange ihr dafür sorgt, dass der Regler auch oben bleibt.

Wer es schwierig findet, sich Wohlstand vorzustellen, der kann den Regler einfach so hoch einstellen, wie es ihm möglich ist. Es ist unsinnig, sich etwas vorzustellen, was man für unmöglich hält. Doch jede Verschiebung des Reglers nach oben wird sich auf eure Finanzen positiv auswirken. Dies trifft auch zu, wenn ihr den Regler nur ein ganz kleines bisschen über eure derzeitige Situation anheben könnt. Haltet den Regler im Auge und treibt ihn immer so weit wie möglich nach oben. Sobald ihr glaubt, dass euch Wohlstand möglich ist, könnt ihr ihn ganz nach oben wandern lassen.

Natürlich könnt ihr euch zu allen möglichen Themen und Überzeugungen solche Skalen vorstellen. Wer den Regler oben halten kann, vermag viele alte Glaubensmuster über Geld, Liebe und dergleichen loszulassen.

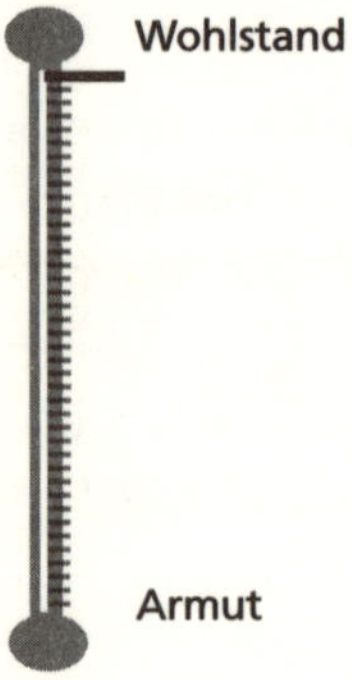

Den Regler oben halten.

Auch alles, was ihr euch wünscht, hat solch ein Spektrum, sei es Gesundheit, eine glückliche Ehe, innerer Frieden oder jedes andere Thema. Ihr könnt euch alle diese Themen wie das Mischpult eines Tonstudios vorstellen: Überall Anzeigen, die ihr nach oben drücken könnt – Finanzen, Beziehungen, Gesundheit und alle anderen Lebensbereiche.

Nehmt euch einen Augenblick Zeit, um euer inneres Mischpult zu betrachten. Wo sitzen die Regler? Wenn ihr irgendwo etwas verbessern wollt, drückt einfach den Regler nach oben. Überprüft diese Anzeigen regelmäßig, damit sie nicht unbemerkt wieder nach unten rutschen.

Angenommen, ihr habt euch mit jemandem gestritten, der euch lieb und teuer ist, und wollt euch wieder vertragen. Stellt euch zuerst das Spektrum eurer Beziehung mit diesem Menschen vor und schiebt die Anzeige dann ganz nach oben zu »Eine friedvolle Beziehung zu diesem Menschen«. Überprüft jedes Mal, wenn ihr an diese Person denkt, ob der Regler immer noch oben steht.

Dieses Bild ist für alle möglichen Lebensbereiche anwendbar. Das Ergebnis ist reine göttliche Magie!

»Alles ist zwiefach; alles hat zwei Pole; alles hat sein Gegenstück; ähnlich und unähnlich sind dasselbe; Gegensätze sind wesensgleich und nur graduell verschieden; Extreme berühren sich; alle Wahrheiten sind Halbwahrheiten; alle Widersprüche lassen sich in Einklang bringen.« – KYBALION

Das Vierte Große Hermetische Prinzip, das Prinzip der Polarität, verkörpert die Wahrheit, dass alle Manifestationen zwei Seiten haben, zwei Aspekte oder Pole. Der Unterschied zwischen einander scheinbar entgegengesetzten Dingen ist nur gradueller Art. GEIST und Materie sind zwei Extreme der gleichen Sache. Das All und seine Schöpfungen sind Bestandteil desselben Spektrums, nur durch graduelle Abstufungen voneinander getrennt.

Hitze und Kälte sind identisch, nur graduell unterscheidbar. Auf dem Thermometer werden zwischen heiß und kalt viele Temperaturgrade angezeigt. In den höheren Graden ist es immer »wärmer« und in den unteren »kälter« Es gibt keinen absoluten Zustand, es ist eine graduelle Sache. Es gibt auf dem Thermometer keinen Punkt, wo Hitze aufhört und Kälte beginnt. Das ist alles eine Frage höherer oder niedrigerer Schwingungen. Selbst die Begriffe »hoch« und »tief« sind relativ und beschreiben unterschiedliche Zustände des gleichen Spektrums.

Mit Ost und West ist es das Gleiche. Wer immer ostwärts um die Welt reist, wird irgendwann an einem Punkt ankommen, der vom Ausgangspunkt aus westwärts lag. Wer weit

genug nordwärts reist, wird irgendwann südwärts reisen und umgekehrt.

Licht und Dunkelheit sind ein weiteres Beispiel für zwei Extreme des gleichen Spektrums. Auch eine Tonleiter beginnt mit einem »C«, doch wenn man die Töne weiter erhöht, kommt man zu einem weiteren »C« und so weiter. Auch Farben folgen den gleichen Prinzipien. Rot und Violett unterscheiden sich nur durch die Schwingungsfrequenz. Groß und klein sind relativ, genauso wie laut und leise, hart und weich, scharf und stumpf, positiv und negativ.

Auch gut und schlecht sind relativ. Das eine Ende des Spektrums nennen wir gut und das andere schlecht. Etwas ist »weniger gut« als etwas anderes, was weiter oben auf der Skala angesiedelt ist. Doch diese »weniger gute« Sache ist besser als etwas, das weiter unten steht.

So geht es auch auf der geistigen Ebene. Liebe und Hass gelten als unversöhnliche Gegensätze. Doch wenn wir das Prinzip der Polarität anwenden, gibt es so etwas wie absolute Liebe oder absoluten Hass nicht. Es sind einfach Begriffe für zwei Pole von derselben Sache. Wo auch immer man auf der Skala ansetzt gibt es zum einen Ende hin mehr Liebe und weniger Hass und zum anderen Ende hin weniger Liebe und mehr Hass. Es gibt Abstufungen der Liebe und des Hasses und einen mittleren Bereich, in dem Zuneigung und Abneigung kaum unterscheidbar sind. Mut und Angst fallen unter die gleiche Regel. Diese Gegenstücke finden sich überall. Wo immer man das eine findet, gibt es am anderen Ende der Skala das andere Extrem.

Diese Tatsache ermöglicht es, dass ihr einen geistigen Zustand im Sinne der Polarisierung in einen anderen verwandeln könnt. Dinge aus verschiedenen Klassen können nicht ineinander verwandelt werden, nur Dinge, die dem gleichen Spektrum angehören. Liebe kann niemals zu Ost oder West, zu Rot oder Violett werden. Aber Liebe kann und wird in Hass verwandelt. Und genauso kann Hass in Liebe verwandelt werden, indem seine Polarität verändert wird.

Mut kann in Angst verwandelt werden und umgekehrt. Harte Dinge können erweicht und stumpfe Dinge geschärft werden. Heißes kann kalt werden. Es ist immer der gleiche Prozess. Die Transmutation umfasst alle Dinge derselben Art in verschiedenen Abstufungen. Nehmen wir den Fall eines furchtsamen Mannes. Indem er seine geistigen Schwingungen im Spektrum von Mut und Furcht erhöht, kann er sich mit höchster Tapferkeit und Furchtlosigkeit erfüllen. Genauso kann sich ein Faulpelz in einen aktiven, schwungvollen Menschen verwandeln, einfach indem er in der erwünschten Qualität seine Polarisierung ändert.

Man kann die beiden Enden der Skala als positiv und negativ bezeichnen. Liebe ist der positive Pol und Hass der negative. Mut ist das Positive zu der negativen Angst, Aktivität ist positiv gegenüber der negativen Passivität und so weiter. Der positive Pol ist von höherem Grad und dem negativen überlegen. Die Natur neigt zur dominanten Aktivität des positiven Pols. Ihr könnt also euren geistigen Zustand verändern, indem ihr euch aufwärts zum positiven Pol hin bewegt und die Natur wird euch darin unterstützen.

Das Prinzip der Polarisation erlaubt es euch nicht nur, euren eigenen Zustand zu verändern, sondern auch den Geisteszustand anderer Menschen zu erhöhen. Die geistige »Induktion« erlaubt es, den Geisteszustand anderer Menschen zu beeinflussen. Ihr könnt also eine höhere geistige Schwingungsrate kommunizieren und dadurch im Geisteszustand eines anderen Menschen die Polarität erhöhen. So funktioniert der größte Teil der geistigen Heilungen.

Angenommen, ein Mensch ist niedergeschlagen und voller Angst. Ein geistiger Heiler wird seinen Willen einsetzen, um in sich selbst die erwünschte Schwingung herzustellen. Dann strahlt er diese positive Schwingung zu dem anderen Menschen hin aus, um in ihm durch »Induktion« einen ähnlichen Zustand anzuregen. Das erhöht die Schwingung dieser Person, und ihr Geisteszustand nähert sich mehr dem positiven Ende der Skala. Angst und andere Negativitäten können so in das positive Ende der Skala verwandelt werden. Ein wenig Nachdenken wird euch zeigen, dass alle diese geistigen Veränderungen durch Polarisation erfolgen und eher eine Sache der Abstufung sind, als dass wirklich eine Sache in eine andere verwandelt würde.

Dieses großartige hermetische Prinzip ermöglicht es uns, sowohl unsere eigenen geistigen Zustände als auch die anderer Menschen besser zu verstehen. Es wird deutlich, dass alle diese Zustände eine Sache der Abstufung sind und dass wir willentlich die Schwingung unseres Geisteszustands erhöhen oder senken können. Wir können die Meister unseres geistigen Zustands sein und nicht mehr nur Diener oder Sklave.

Durch dieses Wissen können wir anderen verständnisvoll helfen und ihre Polarität positiv erhöhen. Wir empfehlen allen, sich mit dem Prinzip der Polarität vertraut zu machen, denn das rechte Verständnis davon wirft auf viele Dinge ein neues Licht.

Kapitel Zehn

Fünftes Grosses Prinzip: Das Prinzip des Rhythmus

Im Prinzip des Rhythmus verbinden sich die Prinzipien der Analogie, der Schwingung und der Polarität. Dieses Prinzip weist darauf hin, dass sich alles wie ein Pendel von einem Pol zum anderen bewegt.

Im Zyklus des Lebens bilden sich diese Rhythmen durch Geburt, Leben, Tod und Zerfall ab. Die Gezeiten und die Jahreszeiten sind weitere Beispiele für solche Rhythmen. Die Hermetiker sagen, dass sich auch Stimmungsschwankungen und Veränderungen in Gefühlen und Erfahrungen durch das Prinzip des Rhythmus erklären lassen.

Die beiden Enden der Skala unserer geistigen Ebene sind das höhere und das niedrigere Bewusstsein (man kann auch sagen: das Höhere Selbst und das Ego). Solange wir uns des Prinzips der Polarität und des Rhythmus nicht bewusst sind, schwingt das Pendel frei zwischen dem Höheren und dem Niedrigeren Selbst hin und her. Das fühlt sich dann so an, als hätten wir über unsere Gedanken und die daraus resultierenden Umstände keinerlei Macht.

Die Hermetiker haben gelernt, diese Tendenz zu neutralisieren, indem sie sich bewusst dafür entscheiden, sich von dem Schwingen des Pendels nicht beeinflussen zu lassen. Das *Kybalion* sagt dazu: »Die hermetischen Meister oder fortgeschrittenen Schüler polarisieren sich auf das erwünschte Ende der Skala hin. Dabei verweigern sie sich sozusagen dem Rückschlag des Pendels. Sie halten sich in ihrer polarisierten Position und lassen das geistige Pendel nur auf der unbewussten Ebene zurückschwingen.«

Stellt euch innerlich weiter das Mischpult vor, das wir im vorigen Kapitel beschrieben haben, und drückt alle Regler in ihre höchsten Positionen.

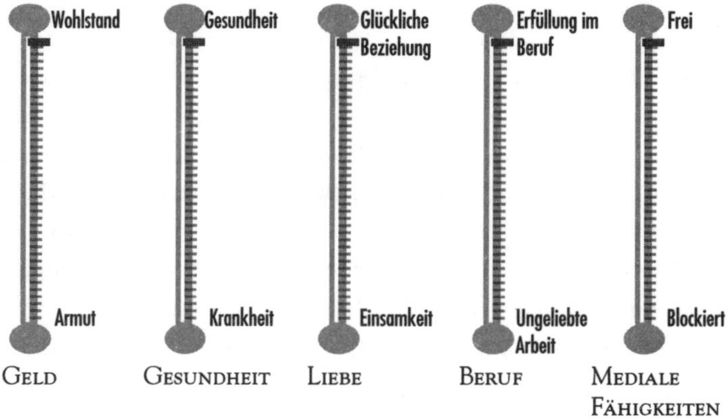

Um sich auf gleichmäßig hohem Niveau zu manifestieren, gilt es, alle Regler so hoch wie möglich zu halten.

Diese innere Vorstellung hilft euch, die Idee zu vermeiden, dass dem Guten immer Schlechtes folgt, dass nach jedem Aufschwung mit einem Niedergang zu rechnen ist. Wenn ihr euch verärgert, entmutigt oder sonst irgendwie schlecht fühlt, überprüft euer »Mischpult«. Das Prinzip des Rhythmus besagt, dass jeder im Leben Veränderungen und Fluktuationen durchmachen wird. Doch wie der weise Segler, der dem schwingenden Mastbaum mühelos auszuweichen weiß, braucht ihr euch von dem Auf und Ab des Lebens nicht beeindrucken zu lassen. Haltet einfach eure Regler oben. Wenn es sein muss, stellt euch vor, dass sie oben fixiert sind.

Das *Kybalion* sagt: »Im Verständnis dieses Prinzips liegt der Schlüssel zur Meisterung dieser rhythmischen Gefühlsschwankungen …« Anders gesagt: Die Kraft eurer Entscheidungen kann euch helfen, in einem ewigen Aufschwung zu leben.

»Alles fließt, ein und aus; alles durchläuft Gezeiten; alles steigt und fällt; der Pendelschlag kommt in allem zum Ausdruck; das Maß des Ausschlags zur Rechten ist das Maß des Ausschlags zur Linken; Rhythmus gleicht aus.« – KYBALION

Das Fünfte Große Hermetische Prinzip, das Prinzip des Rhythmus, verkörpert die Wahrheit, dass sich alles in abgemessener Bewegung befindet. Es ist ein Hin und Her, ein Aus- und Einströmen, ein Vorwärts- und Rückwärtsschwingen, wie ein Pendel, wie die Gezeiten, Ebbe und Flut. Diese ständige Bewegung findet zwischen den Polaritäten der physischen, geistigen und spirituellen Ebenen statt.

Das Prinzip des Rhythmus hängt eng mit dem eben beschriebenen Prinzip der Polarität zusammen. Der Rhythmus entsteht zwischen den durch das Prinzip der Polarität festgelegten Polen. Das bedeutet jedoch nicht, dass das Pendel immer bis zum äußersten Pol hin schwingt. Das geschieht eher selten. In den meisten Fällen ist es sogar schwierig, die polaren Gegensätze genau festzulegen. Doch die Schwingung bewegt sich immer zwischen den Extremen hin und her, selbst wenn sie sie nie erreicht.

Es gibt immer Aktion und Reaktion, Fortschritt und Rückschritt. Alle Erscheinungen aller Ebenen des Universums

gehen auf und gehen unter, Sonnen, Welten, Menschen, Tiere, Pflanzen, Mineralien, Kräfte, Energien, Geist, Materie und selbst der GEIST. Rhythmus manifestiert sich in der Erschaffung und im Untergang von Welten, im Aufstieg und Fall von Nationen und in den Geisteszuständen des Menschen.

Universen beginnen und enden mit dem Einatmen und Ausatmen des Alls. Universen entstehen, erreichen den Tiefpunkt ihrer Materialität und schwingen sich dann wieder zum GEIST auf. Sonnen treten in Erscheinung, entwickeln sich bis zum Höhepunkt ihrer Kraft und dann beginnt der Prozess ihrer Rückbildung. Nach Äonen werden sie wieder zu toten Masseansammlungen, die auf einen neuen Impuls warten, der ihre inneren Energien wieder aktiviert und einen neuen solaren Zyklus ins Leben ruft.

Alle Welten werden geboren, sie wachsen und sterben, nur um wiedergeboren zu werden. So ist es mit allem, alles schwingt von Aktion zu Reaktion, von Geburt zu Tod und zu Neugeburt. Das Schwingen des Pendels ist überall offensichtlich.

Denkt nur an die Tage und die Jahreszeiten. Die Nacht folgt dem Tag und der Tag der Nacht. Das Pendel schwingt von Sommer zu Winter und wieder zurück. Alle Elektronen, Atome, Moleküle und Massen schwingen um ihren Zyklus. Es gibt keine absolute Ruhe, nichts ist frei von Bewegung.

Das Prinzip des Rhythmus ist universell anwendbar. Es gilt für jede Frage, jedes Phänomen und alle Aspekte menschlicher Aktivität. Die moderne Wissenschaft ist sich des Prinzips des Rhythmus wohl bewusst. Sie hält es für ein universel-

les Gesetz, dem alles Materielle unterliegt. Die Hermetiker gehen mit diesem Prinzip allerdings noch einen Schritt weiter und beziehen es auch auf geistige Aktivitäten. Sie sehen darin die Ursache für die manchmal verwirrende Abfolge von Stimmungen, Gefühlen und anderen störenden oder erstaunlichen Veränderungen, die wir in uns bemerken. Durch das Studium der Wirksamkeit dieses Prinzips haben die Hermetiker gelernt, durch den Prozess der Transmutation den quälenden Rhythmen zu entkommen.

Das Gesetz der Neutralisierung

Es gibt im Allgemeinen zwei Ebenen des Bewusstseins: die höhere und die niedrigere. Ihr könnt euch auf die höhere aufschwingen und so dem Abschwung des Pendels zur niedrigeren Ebene entkommen. Dazu könnt ihr das Gesetz der Neutralisierung verwenden, das heißt, dass ihr euch der Wirkungen des Prinzips des Rhythmus auf euren Geisteszustand bewusst werdet. Ohne diese Bewusstwerdung seid ihr dem Hin- und Herschwingen eurer Geisteszustände und Stimmungen ausgeliefert, ohne sie zu verstehen.

Das Gesetz der Neutralisierung wirkt so, als ob ihr euch über etwas erhebt und es einfach unter euch durchlasst. Ihr richtet euch auf die erwünschte Polarität hin aus und verweigert euch dann dem Zurückschwingen. So bleibt ihr stabil, und das Zurückschwingen des geistigen Pendels zur unbewussten Polarität berührt euch nicht.

Alle Individuen, die einen gewissen Grad der Selbstbeherrschung erlernt haben, wenden das Prinzip der Neutralisierung mehr oder weniger unbewusst an, indem sie ihren Stimmungen oder negativen geistigen Zuständen nicht erlauben, sie zu beeinflussen. Ein Meister ist dazu jedoch in viel höherem Maße fähig. Durch seinen Willen erzielt er einen beständigen Grad an Gelassenheit und geistiger Zentriertheit, und das Vor- und Zurückschwingen des geistigen Pendels der Stimmungen und Gefühle hat keine Wirkung mehr auf ihn. Auch ihr könnt dies durch Übung und Hingabe erreichen.

Wenn ihr bislang starken Stimmungs- und Gefühlsschwankungen ausgesetzt wart, könnt ihr dies jetzt ändern und meistern. Bedenkt nur, wie stark das Hin und Her dieser Rhythmen euer bisheriges Leben beeinflusst hat und wie eure Begeisterung immer wieder von Niedergeschlagenheit eingeholt wurde, genauso wie auf Phasen des Muts immer wieder Phasen der Furchtsamkeit folgten.

Vielleicht habt ihr nie vermutet, dass eure Gefühle ähnlichen Gezeiten unterliegen wie Ebbe und Flut. Im Verständnis des Wirkens dieses Prinzips liegt der Schlüssel zur Meisterung dieser rhythmischen Gefühlsschwankungen. Ihr lernt euch selbst besser kennen und könnt es dann vermeiden, von jedem Schwung hin- und hergeschleudert zu werden. Der Wille ist den bewussten Manifestationen dieses Prinzips zwar überlegen, doch das Prinzip selbst ist unzerstörbar. Ihr könnt seinen Auswirkungen entgehen, doch es wirkt nichtsdestotrotz. Das Pendel schwingt immer, auch wenn ihr es vermeiden könnt, von ihm davongetragen zu werden.

Das Gesetz der Kompensation

Im Prinzip des Rhythmus ist auch das Gesetz der Kompensation enthalten. Eine der Definitionen des Begriffs »kompensieren« lautet: Das Gegengewicht halten, ausgleichen. Und so verwenden ihn auch die Hermetiker. Das Kybalion *bezieht sich auf das Gesetz der Kompensation, wenn es sagt: »Das Maß des Ausschlags zur Rechten ist das Maß des Ausschlags zur Linken; Rhythmus gleicht aus.«*

Das Gesetz der Kompensation besagt, dass das Ausmaß des Schwungs in die eine Richtung das Ausmaß des Schwungs in die andere Richtung bestimmt. Das eine hält das andere im Gleichgewicht und umgekehrt. Auf der physischen Ebene gibt es viele Beispiele für dieses Gesetz. Das Pendel einer Uhr zum Beispiel schwingt genauso weit zur Rechten wie zur Linken. Auch die Jahreszeiten gleichen einander aus, ebenso wie die Gezeiten.

Wenn das Pendel in die eine Richtung nur wenig ausschlägt, ist auch der Rückschwung nur kurz. Und wenn es weit ausschlägt findet das ebenso seine Analogie. Das Gesetz der Kompensation gilt sowohl für die physische als auch für die geistige Ebene. Ein Mensch, der großes Leiden empfindet, kann auch große Freude empfinden. Ein Mensch mit gedämpften Gefühlen wird dagegen weder starke Freude noch starkes Leid wahrnehmen. In jedem Einzelnen ist die Fähigkeit, Freude und Leid zu empfinden, ausgeglichen.

Der Hermetik zufolge muss jeder Mensch, bevor er in der Lage ist, große Freude zu empfinden, sich entsprechend weit zur anderen Polarität des Fühlens hinbewegt haben. Das bedeutet jedoch nicht, dass dem Guten immer Schlimmes folgt. Im Gegenteil, das Negative geht dem Guten voraus. Freude ist der rhythmische Schwung, der den Schmerz aus diesem oder aus vergangenen Leben kompensiert. Das wirft auf das ganze Problem des Leidens ein neues Licht.

Viele haben bewiesen, dass es durchaus möglich ist, durch den beschriebenen Prozess der Neutralisation dem rhythmischen Schwingen des Pendels zum Leiden hin zu entkommen. Indem man sich auf die höheren geistigen Ebenen begibt, kann man viele der Erfahrungen von den unteren Ebenen vermeiden. Das verlangt zwar Übung und Hingabe, aber das Ergebnis ist jede Mühe wert.

Kapitel Elf

Sechstes Grosses Prinzip: Das Prinzip von Ursache und Wirkung

Das Prinzip von Ursache und Wirkung zeigt, dass nichts zufällig geschieht. Im Universum hat alles eine erkennbare Ursache. Wenn etwas zufällig zu geschehen scheint, bedeutet das nur, dass die Ursache unerkannt ist.

Ursachen erzeugen keine Situationen. Sie stehen in einer langen Reihe von Katalysatoren, die gewöhnlich von bestimmten Überzeugungen über das Leben und »wie es nun mal ist« geprägt sind. Angenommen, jemand glaubt, dass er seinen Traumjob ohnehin nicht kriegen wird und bewirbt sich deshalb gar nicht erst. Doch diese Überzeugung ist nur ein Faktor in einer langen Reihe von Ursachen. Wo kam diese Überzeugung denn zum Beispiel her? Vielleicht von den Eltern? Doch wo haben die Eltern diese Überzeugung hergenommen? Es ist offensichtlich nicht sinnvoll, solch eine Kette von Ereignissen auf ihre erste Ursache hin zu untersuchen. Wichtiger und hilfreicher ist es, sich in seinem persönlichen Leben dieses Prinzips bewusst zu werden.

Wer sich über Ursache und Wirkung nicht bewusst ist, kann durch äußere Faktoren unangemessen beeinflusst werden, zum Beispiel durch die Wünsche von Menschen, die ihren Willen entsprechend ausstrahlen lassen. Die Hermetik macht deutlich, dass niemand die Prinzipien und Gesetze verändern oder aufhalten kann. Doch man kann den höheren Willen einsetzen, um den niedrigeren Willen zu überwinden.

Vereint mit Absicht und Übung hilft euch das Bewusstsein von Ursache und Wirkung, euch über äußere Beeinflussungen zu erheben. Das *Kybalion* erklärt, dass uns dieses Bewusstsein hilft, Spieler zu werden statt Figur zu sein, Ursache zu werden statt Wirkung.

Achtet auf starke Gedanken oder Gefühle, die ihr im Laufe des Tages durchlebt. Solche Gedanken und Gefühle können einfach so auftauchen oder bewusst erzeugt sein. Achtet auf sich wiederholende Gedanken und Gefühle, vor allem, wenn es um starke Gefühle geht.

Wenn ihr diese intensiven Gedanken und Gefühle bemerkt, stellt euch sofort innerlich euer »Mischpult« vor und überprüft, ob irgendwelche Regler nach unten gerutscht sind. Das Obenhalten der Regler ist eine Ursache, die angenehme Wirkungen erzielt. Es ist der Schlüssel zur göttlichen Magie!

»Jede Ursache hat ihre Wirkung; jede Wirkung hat ihre Ursache; alles geschieht gesetzmäßig; Zufall ist nur der Name für ein noch nicht erkanntes Gesetz; es gibt viele Ebenen der Ursächlichkeit, aber nichts entgeht dem Gesetz.« – Kybalion

Das Sechste Große Hermetische Prinzip ist das Prinzip von Ursache und Wirkung. Es besagt, dass das ganze Universum diesem Gesetz unterliegt. Nichts geschieht zufällig. »Zufall« bedeutet nur, dass die Ursache noch unerkannt ist.

Allen wissenschaftlichen Gedanken liegt das Prinzip von Ursache und Wirkung zugrunde. Es wurde von den Hermetikern schon vor langer Zeit verkündet, und in allen Zeitaltern waren sich die Philosophen über dieses Prinzip einig und stritten höchstens über Einzelheiten seines Wirkens. Praktisch alle einflussreichen Denker dieser Welt akzeptierten das Prinzip von Ursache und Wirkung.

Ein wenig Nachdenken macht deutlich, dass es keinen Zufall gibt. In Websters Lexikon wird Zufall definiert als: »Etwas, das unvorhersehbar geschieht, ohne erkennbares menschliches Einwirken oder sichtbare Ursache. Die angenommene, unpersönliche, absichtslose Steuerung unberechenbarer Ereignisse.«

Doch wie könnte so etwas wie »Zufall« unabhängig von den universellen Gesetzen, Ordnungen und Kontinuitäten existieren? Er wäre dann von der universellen Ordnung unberührt und ihr damit überlegen. Doch außer dem All existiert nichts unabhängig vom universellen Gesetz, denn das All ist das Gesetz. Es gibt im Universum keine Möglichkeit für etwas, das vom Gesetz unabhängig wäre. Allein die Existenz solch einer Sache würde alle Naturgesetze außer Kraft setzen und das Universum in Chaos und Gesetzlosigkeit stürzen.

»Zufall« ist ein Ausdruck, den wir für Situationen verwenden, in denen wir die Ursache nicht wahrnehmen oder verstehen können. Das Fallen von Würfeln gilt allgemein als zufällig. Doch jedes Mal, wenn ein Würfel fällt und eine bestimmte Anzahl von Augen zeigt, gehorcht er genauso einem Gesetz wie die Planeten, die sich um die Sonne drehen. Die Kette von Ursachen, die zu dem Fallen des Würfels führt, umfasst die ursprüngliche Position des Würfels, die Muskelkraft, mit der geworfen wurde, die Oberfläche des Tisches und so weiter. Hinter diesen sichtbaren Ursachen stehen noch reihenweise unsichtbare Ursachen, die ebenfalls dazu beitragen, welche Augenzahl zu guter Letzt oben liegt.

Wenn ein Würfel oft genug geworfen wird, werden alle Zahlen ungefähr gleich häufig auftreten. Wenn man eine Münze oft genug in die Luft wirft, werden Kopf und Zahl ungefähr gleich oft oben liegen. Das ist das Gesetz des Durchschnitts. Doch sowohl der Durchschnitt als auch der einzelne Wurf fallen unter das Prinzip von Ursache und Wirkung. Die dem Wurf vorausgehenden Ursachen machen es dem Wür-

fel unmöglich, anders zu fallen als er es jeweils tut. Bei den gleichen Ursachen wird es zu den gleichen Ergebnissen kommen. Jedes Ereignis hat eine »Ursache« und eine »Wirkung«. Nichts geschieht ohne Ursache oder vielmehr eine ganze Reihe von Ursachen.

Kein Ereignis erzeugt ein anderes Ereignis. Es ist einfach ein Glied in der großen, geordneten Kette von Ereignissen, die aus der schöpferischen Energie des Alls hervorgeht. Es gibt eine Kontinuität zwischen allem, was war und allem, was kommt. Ein Fels wird aus einem Berghang gelöst und fällt im Tal durch das Dach einer Hütte. Auf den ersten Blick mag das wie Zufall wirken, doch wenn wir genauer hinsehen, erkennen wir dahinter eine lange Kette von Ursachen. Der Regen hat den Berghang aufgeweicht, sodass der Fels sich lösen konnte. Davor haben Sonne, Wind und andere Niederschläge das Ihrige dazu beigetragen, den Fels von seinem Grund abzuspalten. Und noch davor gab es Ursachen, die zur Bildung des Berges führten: das Aufstülpen der Erdkruste und so weiter. Auch hinter der Entstehung des Regens und des Daches liegen Ursachen. Jedem Ereignis geht eine verwirrende Kette von Ursachen voraus.

Jeder Mensch hat zwei Eltern, vier Großeltern, acht Urgroßeltern, sechzehn Ururgroßeltern und so weiter. Wenn damals in grauer Vorzeit ein bestimmter Mann nicht einer bestimmten Frau begegnet wäre, wäret ihr jetzt nicht hier. Und wenn dieses Paar sich damals nicht begegnet wäre, gäbe es vielleicht auch uns nicht, die wir gerade dieses Buch schreiben. Ihr selbst, das Buch und seine Autoren, wir alle leben in einer Reihe von Ereignissen, die Einfluss haben auf die Zukunft. Die selbst bei den gewöhnlichsten Ereignissen weit in die Vorzeit reichende Kette von Ursachen zeigt die Relativität und die Verbundenheit aller Dinge. Jeder Gedanke, den wir denken, und jede Tat, die wir vollbringen, führen in der großen Kette von Ursachen und Wirkungen zu direkten und indirekten Ergebnissen. Im Geist des Alls ist nichts groß oder gering, denn alles ist verbunden.

Dieses Thema kann auch Fragen über den freien Willen und die Vorbestimmung aufkommen lassen. Den hermetischen Lehren zufolge hat keine der beiden Seiten der Kontroverse völlig Recht. Beide Parteien haben teilweise Recht. Das Prinzip der Polarität zeigt, dass beides Halbwahrheiten sind, zwei einander entgegengesetzte Polaritäten der Wahrheit. Die Menschen sind sowohl frei als auch durch Notwendigkeiten gebunden.

Manche Menschen sind Sklaven ihrer Abstammung und Umgebung und genießen sehr wenig Freiheit. Sie werden durch die Meinungen, Gebräuche und Gedanken der äußeren Welt genauso beherrscht wie von ihren Gefühlen und Stimmungen. Sie behaupten, frei zu sein, zu tun, was immer sie wollen, ohne sich über die Gründe im Klaren zu sein, warum sie etwas wollen.

Zu viele Menschen gehorchen ihrer Umgebung, äußeren Einflüssen, inneren Stimmungen und dem Wünschen und Wollen anderer genauso wie der fallende Fels. Sie werden hin- und hergeschoben wie die Figuren in einem Schachspiel. Sie spielen ihre Rollen und werden beiseite gelegt, wenn das Spiel vorbei ist.

Doch die Meister verstehen die Spielregeln. Sie erheben sich über den Plan des materiellen Lebens und bringen sich in Kontakt mit den höheren Kräften ihrer Natur. Sie steuern ihre Stimmungen, ihr Energieniveau und ihre Polaritäten genauso wie ihre Umgebung. Sie werden zu Spielern statt Figuren zu bleiben, zur Ursache statt zur Wirkung.

Auf den höheren Ebenen entgehen auch diese Meister den Ursächlichkeiten nicht. Sie arbeiten jedoch einfach mit den höheren Gesetzen und meistern mit ihrer Hilfe die Umstände der niedrigeren Ebenen. Sie werden zu einem bewussten Teil des Gesetzes, statt einfach ein blindes Instrument zu sein. Sie dienen auf den höheren Ebenen und beherrschen die materielle Ebene.

Das Gesetz gilt immer, auf den höheren Ebenen genauso wie auf den niedrigeren. Es gibt keinen Zufall, alles untersteht dem universellen Gesetz. Die unzähligen Gesetze sind alle Manifestationen des einen großen Gesetzes, des Alls.

Kein Sperling fällt vom Himmel, ohne vom Geist des Alls bemerkt zu werden. Selbst die Haare auf unserem Kopf sind gezählt. Es gibt nichts, was außerhalb des Gesetzes stünde und nichts geschieht im Widerspruch zu ihm. Und doch sind wir keine blinden Sklaven des Gesetzes. Den hermetischen Lehren zufolge können Menschen das Gesetz benutzen, um Gesetze zu überwinden. Das Höhere behauptet sich immer gegenüber dem Niedrigeren.

Kapitel Zwölf

Siebtes Grosses Prinzip: Das Prinzip des Geschlechts

Mit dem Begriff des Geschlechts beziehen sich die Hermetiker auf die männlichen und weiblichen Energien, die sich verbinden, um Manifestationen hervorzurufen. Geschlecht hat hier nichts mit körperlichen Geschlechtsmerkmalen zu tun.

Jeder Mensch, jedes Ding und jede Situation enthält sowohl männliche als auch weibliche Energien. Eine Frau hat innere männliche und innere weibliche Energien, genau wie ein Mann. Im ganzen Leben gibt es dieses Miteinander von Männlichem und Weiblichem, vom winzigsten Atom bis zum höchsten Berg. In Atomen verbinden sich männliche und weibliche Energien, um Materie zu bilden. Tatsächlich verbinden sich männliche und weibliche Energien stets miteinander und erzeugen Schöpfungen.

Die männliche Energie projiziert sich hinaus in die Welt. Die weibliche Energie ist empfänglich und anziehend. Die nach außen projizierte männliche Energie wird positiv genannt und die empfängliche weibliche Energie negativ. Die Begriffe positiv und negativ sind hier nicht im Sinne von gut und schlecht zu verstehen. Sie beziehen sich einfach darauf, wie die Energie fließt, wie bei den positiven und negativen Polen von Magneten.

Das Prinzip des Geschlechts wirkt auf allen drei Ebenen der Analogien, auf der physischen, auf der geistigen und auf der spirituellen. Auf der geistigen Ebene bringt sich die männliche Energie durch den bewussten Geist zum Ausdruck und die weibliche Energie durch den unbewussten Geist.

Geistiges Geschlecht

Die Hermetiker unterscheiden zwischen dem »Mich« und dem »Ich« einer Person. Das »Mich« besteht aus unseren Stimmungen, geistigen Zuständen, Gewohnheiten und Körpern. Es bildet unsere weibliche Energie. Das »Ich« ist jenes Wesen, welches das »Mich« seinen Wünschen und Absichten entsprechend in Bewegung versetzt. Es bildet unsere männliche Energie.

Viele identifizieren sich nur mit ihrem »Mich«-Aspekt. Sie empfinden sich als Opfer und als Sklaven der Stimmungsschwankungen des »Mich«. Das »Mich« ist jedoch durchaus nützlich. Es enthält schöpferische Energie, die jedoch erst durch das »Ich« ihr Gleichgewicht findet, um ihre schöpferische Kraft zuverlässig zum Ausdruck bringen zu können.

Das geistige weibliche Prinzip ist empfänglich und erzeugt neue Ideen, die das geistige männliche Prinzip dann handelnd umsetzt. Wenn ihr eure Identifikation vom »Mich« lösen und euch stattdessen mit dem »Ich« identifizieren würdet, das dem »Mich« Energie und Richtung verleiht, könnten »Ich« und »Mich« zusammen bewirken, dass sich die wundervollen Ideen des »Mich« auch verwirklichen.

Das »Ich« ist die Kraft, die dafür sorgt, dass alle Regler auf dem Mischpult konsequent oben bleiben. Und selbst wenn einer einmal absinkt, kann das »Ich« es wahrnehmen und korrigieren.

Auch Telepathie und andere psychische Phänomene lassen sich durch das Prinzip des Geschlechts erklären. Telepathie entsteht, wenn ein Gedanke von einer Person ausgesendet (eine männliche Handlung) und von einer anderen Person empfangen (eine weibliche Handlung) wird. Man kann telepathische Fähigkeiten entwickeln, indem man die Empfänglichkeit übt, zum Beispiel, indem man andere um Hilfe bittet und diese Hilfe oder Geschenke dankbar annimmt.

Menschen, die psychisch blockiert sind und keine Engel

oder andere Energien wahrnehmen können, sind oft großzügige Geber und erlauben sich nur selten, etwas anzunehmen. Dadurch entsteht in ihrer männlichen Energie ein Ungleichgewicht, und sie können sich schwer entspannen und den Fluss des GEISTES wahrnehmen. Auch Menschen, die eine sehr konkurrierende oder stressreiche Arbeit machen, betonen ihre männliche Energie oft zu stark.

Eine psychische Blockade kann auch entstehen, wenn sich jemand bei der medialen Wahrnehmung zu sehr anstrengt. Bestreben ist Ausdruck männlicher Energie, doch um psychische Wahrnehmungen zu entwickeln, bedarf es empfänglicher, weiblicher Energie. Ein Übermaß an männlicher Energie kann verhindern, dass man spirituelle Botschaften empfängt.

Ein Übermaß an weiblicher Energie ist jedoch genauso ungesund. Es führt meist zu einer passiven Persönlichkeit, die dem Leben eher zuschaut, als selbst Gedanken oder Ideen beizutragen. Sowohl für die psychische Entwicklung als auch für die Anwendung göttlicher Magie ist es am gesündesten, in einem Gleichgewicht beider Kräfte zu leben.

»In Allem ist Geschlecht; alles hat seine männlichen und weiblichen Prinzipien; Geschlecht manifestiert sich auf allen Ebenen.« – KYBALION

Das Siebte Große Hermetische Prinzip, das Prinzip des Geschlechts, verkörpert die Wahrheit, dass sich Geschlecht in Allem manifestiert. Die männlichen und weiblichen Prinzipien sind allgegenwärtig und bei allen Erscheinungen und auf allen Ebenen des Lebens aktiv. In ihrer hermetischen Bedeutung ist Geschlecht etwas anderes, als man gewöhnlich unter Geschlechtlichkeit (Sexualität) versteht.

Das Wort »Geschlecht« wird seit alter Zeit im Sinne des lateinischen Begriffs »genus« verwendet, der auf den Wortstamm »gen« = »gebären, erzeugen, hervorbringen« zurückgeht. Damit umfasst es eine viel weitere Bedeutung als die körperlichen Unterschiede zwischen Mann und Frau. Was gemeinhin unter Sexualität verstanden wird, ist nur eine der vielen Manifestationen desGeschlechts auf der physischen Ebene.

Die Schöpfungen des Geschlechts sind dagegen auf allen Ebenen erkennbar. Das Prinzip des Geschlechts findet sich zum Beispiel unter Protonen, Ionen und Elektronen wieder, den Grundlagen der Materie. Die Protonen, Ionen und Elektronen umkreisen einander und schwingen in hoher Intensität.

Doch die Bildung des Atoms lässt sich darauf zurückführen, dass sich negative Elektronen um ein positives Proton versammeln. Die Protonen scheinen die Elektronen dahingehend zu beeinflussen, dass sie bestimmte Kombinationen bilden. Daraus entsteht dann ein Atom. Das entspricht den ältesten hermetischen Lehren, die das männliche Prinzip immer mit dem positiven und das weibliche mit dem negativen Pol der sogenannten Elektrizität in Verbindung gebracht haben.

Wir verwenden die Begriffe positiv und negativ hier nicht im gewöhnlichen Sinne, in dem positiv etwas Starkes bedeutet und negativ etwas Schwaches. Das hat nichts mit der Wirklichkeit elektrischer Phänomene zu tun. Der negative Pol einer Batterie manifestiert die Bildung neuer Formen und Energien. Er hat nichts »Negatives« an sich.

Die Wissenschaft verwendet für den negativen Pol oft den Begriff »Kathode«. Er leitet sich von einem griechischen Wort ab, das »Abstammung, Rückkehr, Erzeugung« bedeutet. Die Kathode, der negative Pol, ist das mütterliche Prinzip des Phänomens der Elektrizität. In unserem Zusammenhang wollen wir jedoch weder »Kathode« noch »negativ« sagen, sondern wir nennen diese Polarität »weiblich«.

Die Anziehung zwischen weiblichen Elektronen und männlichen Protonen erzeugt Atome. Wenn sich das weibliche Elektron mit einem männlichen Proton verbindet, beginnt der Schöpfungsprozess. Weibliche Teilchen schwingen mit großer Geschwindigkeit unter dem Einfluss männlicher Energie und umkreisen sie. Daraus wird ein neues Atom geboren, das aus einer Vereinigung männlicher Protonen und weiblicher Elektronen besteht. Wenn sie die Verbindung eingegangen sind, ist das daraus hervorgehende Atom jedoch ein eigenständiges Ding mit bestimmten Eigenschaften. Elektronen und Protonen sind die aktivsten Arbeiter in der Natur. Ihre Vereinigungen erzeugen Licht, Hitze, Elektrizität, Magnetismus, Anziehungskraft, Abstoßung, chemische Verbindungen und dergleichen. All dies entsteht durch das Wirken des Prinzips des Geschlechts auf der Ebene der Energie.

Das männliche Prinzip scheint Energie zu dem weiblichen Prinzip zu schicken und damit den schöpferischen Prozess in Gang zu setzen. Das weibliche Prinzip verrichtet auf allen Ebenen dann die schöpferische Arbeit. In der organischen Welt manifestiert sich alles in zwei Geschlechtern, aber in allen weiblichen Formen gibt es auch Männliches und in allen männlichen Formen gibt es auch Weibliches.

Auch im Bereich der anorganischen Materie und der Energie ist das Prinzip des Geschlechts ständig wirksam. Der Umfang dieses Buches erlaubt uns nicht, die Phänomene der Anziehung und Abstoßung zwischen atomaren Teilchen, Atomen und Molekülen und der chemischen Verbindungen wissenschaftlich zu erörtern. Diese Dinge sind jedoch zur Genüge dokumentiert und bedürfen keines Kommentars von unserer Seite. Es genügt zu sagen, dass die Hermetik lehrt, dass all diese Aktivitäten und Phänomene nur durch das Prinzip des Geschlechts möglich sind.

Auch das Gesetz der Schwerkraft, jener merkwürdigen Anziehungskraft zwischen allen Teilchen und Körper dieses Universums, ist eine Manifestation des Prinzips desGeschlechts und der Tatsache, dass sich das Männliche zum Weiblichen hingezogen fühlt.

Das Prinzip des Geschlechts und die geistige Ebene

Wir wollen uns nun dem Wirken dieses Prinzips auf der geistigen Ebene zuwenden, wo es viele Erscheinungen zu untersuchen gilt.

Psychologen sprechen vom dualen Geist, den sie als bewussten und unbewussten Geist bezeichnen. Diese scheinbar neue Theorie ist in der Hermetik schon seit alter Zeit bekannt. Die Theorien des dualen Geistes entsprechen auch dem Prinzip des geistigen Geschlechts. Das männliche Prinzip des Geistes entspricht dem bewussten Geist und das weibliche Prinzip dem unbewussten Geist.

Um diese Lehre besser zu begreifen, könnt ihr eure Aufmerksamkeit nach innen auf euer Selbst richten. Euer bewusster Geist bestätigt euch die Existenz dieses Selbst durch »Ich bin«-Gefühle und -Gedanken. Wenn ihr euch länger darauf konzentriert, werdet ihr merken, dass sich dieses »Ich bin« in zwei deutlich unterscheidbare Teile gliedern lässt. Diese beiden Teile arbeiten zwar zusammen, aber man kann sie getrennt betrachten.

Zuerst scheint nur ein »Ich« zu existieren, doch bei genauerer Betrachtung offenbart sich, dass es sowohl ein »Ich« als auch ein »Mich« gibt. Diese geistigen Zwillinge unterscheiden sich in ihren Eigenschaften, deren Untersuchung viele Probleme geistiger Beeinflussung erhellen wird.

Beginnen wir mit einer Betrachtung des »Mich«, das oft

irrtümlicherweise für das »Ich« gehalten wird. Euer »Mich« besteht aus euren Gefühlen, eurem Wissen, eurem Geschmack, euren Vorlieben und Abneigungen, euren Gewohnheiten und den weiteren Eigenschaften, die eure Persönlichkeit ausmachen. Dies ist das »Selbst«, das euch und anderen bekannt ist. Die Gefühle des »Mich« verändern sich und unterliegen den Prinzipien des Rhythmus und der Polarität, das heißt, sie schwanken von einem extremen Gefühl zum anderen.

Manche meinen irrtümlicherweise, dass ihr »Mich« nur aus ihrem Körper und ihren psychischen Wünschen bestehe. Doch wer sein Bewusstsein erhöht hat, vermag sein »Mich« von der Idee der Körperlichkeit zu lösen. Er kann den Körper zu Recht als etwas erkennen, was zu dem geistigen Teil seiner selbst gehört. Und es gibt noch eine höhere Ebene, durch die das »Mich« wahrgenommen werden kann. Statt sich mit seinen Gefühlen und seiner Persönlichkeit zu identifizieren, kann man sie als Aspekte seiner selbst wahrnehmen, die jedoch nicht das wahre Selbst ausmachen.

Da euer Geist diese Gefühle und andere Zustände erschaffen hat, könnt ihr sie auch durch euren Willen ändern. Wenn ihr gelernt habt, eure Stimmungen und eure Perspektive willentlich zu verändern, werdet ihr euch nicht mehr mit euren geistigen Zuständen, Emotionen, Gefühlen, Gewohnheiten, Eigenschaften und anderen geistigen Besitztümern identifizieren. Ihr werdet sie eurer Sammlung von Merkwürdigkeiten und Einschränkungen hinzufügen, die alle nicht euer wahres Selbst ausmachen. Dies erfordert natürlich viel Konzentration und analytische Geisteskraft. Doch dem fortgeschrittenen

Schüler ist dies möglich und selbst die nicht so Fortgeschrittenen können daraus erkennen, wie dieser Prozess ablaufen könnte.

Nach diesem Lösungsprozess werdet ihr ein Selbst haben, das aus »Mich« und »Ich« besteht. Das »Mich« ist ein geistiger Mutterschoß, aus dem Gedanken, Ideen, Gefühle und andere geistige Zustände hervorgehen. Das »Mich« berichtet dem Bewusstsein von allen möglichen schöpferischen Inspirationen. Seine schöpferische Energie ist enorm. Doch das »Mich« bedarf der Energie seines »Ich«-Gefährten (oder des »Ichs« einer anderen Person), um seine geistigen Schöpfungen zu verwirklichen.

Es gibt in euch einen Aspekt, der das »Mich« dazu bringen kann, sich auf bestimmte Art zu verhalten. Dieser Aspekt wird das »Ich« genannt. Es steht daneben und beobachtet eure geistigen Schöpfungen. Es ist jener Teil von euch, in dem ihr euren Geist ruhen lassen könnt, denn das »Ich« ist nicht wie das »Mich« ständig damit beschäftigt, neue Ideen zu entwickeln. Das »Ich« hilft dem »Mich«, seine Ideen umzusetzen, indem es ihm unterstützend Energie schickt. Das »Ich« manifestiert die Ideen des »Mich« durch seinen Willen.

Das »Ich« repräsentiert auf der geistigen Ebene das männliche Prinzip und das »Mich« das weibliche. Das »Ich« ist der menschliche Aspekt des Seins und das »Mich« ist der Aspekt des Werdens. Die Schöpfungen aus den männlichen und weiblichen Prinzipien eures Geistes entstehen durch den gleichen Prozess, durch den auch der Geist des Alls Universen erschafft. Beide Prozesse sind gleich und doch graduell unge-

heuer verschieden, ganz dem Prinzip entsprechend: »Wie oben, so unten; wie unten, so oben.«

Die Aspekte des Männlichen und des Weiblichen, des »Ich« und des »Mich«, sind große Schlüssel zum Verständnis geistiger und psychischer Phänomene.

Das weibliche Prinzip neigt immer dazu, Eindrücke aufzunehmen, während das männliche Prinzip immer geben oder sich ausdrücken möchte. Das weibliche Prinzip hat eine größere Bandbreite der Wirkungsmöglichkeiten als das männliche. Das weibliche Prinzip befasst sich mit der Erzeugung neuer Gedanken, Konzepte, Ideen und Fantasien. Das männliche Prinzip gibt sich mit den verschiedenen Phasen des Wollens zufrieden. Doch ohne die aktive Hilfe des männlichen Prinzips wäre das weibliche Prinzip darauf beschränkt, passiv innere Bilder zu erzeugen, statt innerlich Erschaffenes zu manifestieren.

Menschen, die dauerhaft ihre Gedanken und ihre Aufmerksamkeit auf etwas richten können, wenden beide geistigen Prinzipien an. Sie nutzen das Weibliche zur geistigen Erzeugung und den männlichen Willen zur Anregung und Belebung des schöpferischen Teils des Geistes. Viele Menschen achten nicht auf den männlichen Teil ihres Geistes. Sie sind zufrieden, den Gedanken und Ideen entsprechend zu leben, die ihrem »Mich« von anderen »Ichs« eingegeben werden.

Das Prinzip des geistigen Geschlechts hilft auch, psychische Phänomene wie Telepathie und Hypnose zu verstehen. Telepathie entsteht, wenn die Schwingungsenergie des männlichen Prinzips auf das weibliche Prinzip eines anderen

Menschen gerichtet wird und dieser die projizierte Energie annimmt und verarbeitet. Hypnose funktioniert genauso. Das männliche Prinzip des Hypnotisierenden richtet einen Strom von Schwingungsenergie oder Willenskraft auf das weibliche Prinzip einer anderen Person. Diese nimmt die Energie an und denkt und handelt daraufhin anders. Es entwickelt sich eine Idee in ihr, die sich irgendwann wie ihre eigene anfühlt.

Man braucht Übung und Stärke, um ständig männliche Willenskraft einzusetzen. Doch die Mühe lohnt sich, denn sie wird dafür sorgen, dass die sonst passiven Schöpfungen der weiblichen Geisteskraft umgesetzt werden. Wenn ihr beginnt, regelmäßig mit eurer eigenen männlichen Willenskraft zu arbeiten, werdet ihr weniger anfällig und bedürftig für die männliche Willenskraft anderer Menschen. In anderen Worten: Wenn ihr das Prinzip des Geschlechts in euch selbst anwendet, werdet ihr in euren Gedanken, Finanzen und Lebensumständen unabhängig.

Die starken Männer und Frauen der Welt manifestieren das männliche Prinzip des Willens. Ihre Stärke ist direkt davon abhängig. Sie lassen sich nicht von dem beeindrucken, was ihnen der Geist anderer aufdrängen will, sondern beherrschen ihren Willen durch ihren eigenen Geist. Sie konzentrieren sich auf wünschenswerte geistige Bilder und haben die Möglichkeit, auch den Geist anderer Menschen zu beeinflussen. Starke Menschen pflanzen den Massen Gedanken ein, sodass sie dem Sinn und den Wünschen dieser starken Menschen entsprechend denken. Zu viele Menschen verhalten sich wie Herdentiere. Sie erzeugen nie einen eigenen Gedanken *und nutzen nie ihre Kraft, um geistig aktiv zu werden. Wenn sie ihr männliches Prinzip aktivieren würden, könnten sie der Herde entfliehen und zu ihrem eigenen Leittier werden.*

Die Manifestation des geistigen Geschlechts lässt sich überall im täglichen Leben beobachten. Charismatische Persönlichkeiten nutzen das männliche Prinzip, um anderen ihre Ideen zu vermitteln. Ein Schauspieler, der Menschen zum Lachen oder Weinen bringt, wendet dieses Prinzip genauso an wie ein erfolgreicher Redner, Staatsmann, Prediger, Autor und andere Personen des öffentlichen Lebens. Der erstaunliche Einfluss, den manche Menschen auf andere haben, ist den Auswirkungen des männlichen geistigen Geschlechts zuzuschreiben. Dieses Prinzip ist das Geheimnis persönlicher Anziehungskraft und Ausstrahlung und auch der Hypnose.

Die Belebung des weiblichen Prinzips durch die Schwingungsenergie des männlichen Prinzips entspricht den universellen Gesetzen der Natur. Die Erschaffung des Universums folgt den gleichen Prinzipien des Geschlechts wie alle anderen Schöpfungen der spirituellen, geistigen und physischen Ebenen: »Wie oben, so unten; wie unten, so oben.«

Wer das Prinzip des geistigen Geschlechts einmal begriffen hat, der versteht vielfältige psychische Phänomene. Das Prinzip funktioniert, weil es auf den universellen Gesetzen des Lebens beruht. Mit Hilfe des Kybalion kann man jeden okkulten Text neu studieren. Diese Prinzipien aus dem alten Ägypten erhellen so manches bis dahin in geheimnisvolles Dunkel gehüllte Thema. Dazu möchte dieses Buch beitragen.

Wir verkünden keine neue Philosophie, sondern möchten die Umrisse einer großen Lehre der Alten Welt andeuten, die viele andere Lehren klarer erscheinen lassen wird. Möge diese Lehre als großer Versöhner zwischen den verschiedenen Theorien und gegensätzlichen Doktrinen wirken. Letztendlich sind sie alle gleich, wie uns das Prinzip der Polarität gezeigt hat.

Hermetische Grundsätze

Das Kybalion bietet sowohl philosophische als auch praktische Erkenntnisse, die in jeder Situation hilfreich sein können. Ob Gefühle, Gesundheit oder materielle Dinge das Problem sind, die Sieben Prinzipien können helfen. Je intensiver ihr diese Prinzipien studiert, desto leichter werdet ihr im täglichen Leben Beispiele für sie erkennen. Dann beginnt die Hermetik zu einem Teil eures Lebens zu werden. Die Erörterungen des Kybalion mögen bisweilen etwas abgehoben klingen, doch eigentlich sind sie sehr irdisch und praxisbezogen.

Die gute Nachricht der Hermetik ist, dass ihr all die Dinge in eurem Leben haben könnt, die ihr euch wünscht, dass eure Stimmung und euer Energieniveau gleichmäßig hoch bleiben kann und dass euch alles zur Verfügung steht, um ein kreatives und erfolgreiches Leben zu führen.

Da alles in eurem Leben ein Produkt eures Geistes ist, sind mit Hilfe der Hermetik alle erwünschten Veränderungen möglich, zum Beispiel:

- Wenn ihr eine unangenehme Situation erlebt, erinnert euch daran, dass angesichts des Negativen auch das Positive gegenwärtig sein muss.

- Überprüft die Situation innerlich auf eurem Mischpult. Drückt alle Regler so weit nach oben, wie es euch möglich ist. Dies ist eine visuelle Anwendung des hermetischen Gesetzes der Neutralisierung, demzufolge ihr euren Willen einsetzen könnt, um das Absinken eurer Stimmung, Energie oder einer Situation zu vermeiden. Wenn eure Gedanken erhaben sind, manifestiert ihr erhabenere Ergebnisse.

- Behaltet die wünschenswerten Polaritäten im Auge, damit alle Bereiche eures Lebens der oberen Polarität entgegenstreben. Das wird euch helfen, unerwünschte Situationen mühelos in wünschenswerte Situationen zu verwandeln.

Und was ist mit den Engeln, Erzengeln, Göttinnen, Aufgestiegenen Meistern und anderen spirituellen Helfern? Wie das Kybalion, meine eigenen Bücher und viele Erfahrungen anderer Menschen bestätigen, sind diese himmlischen Wesen sehr in unser Leben involviert. Sie leben auf der dritten Ebene des GEISTES, aber sie stehen sowohl mit den physischen als auch mit den geistigen Ebenen in Kontakt.

Die Wesen aus dem Reich der Engel und Aufgestiegenen Meister können helfen, uns zu erheben, weil sie in einer höheren Frequenz schwingen als wir. Schon das Denken an Engel und Gottheiten erhebt die Gedanken auf eine höhere Frequenz. Ihr könnt diese Wesen auch bitten, euch zu helfen, auf eurem geistigen Mischpult die Regler oben zu halten.

Das hermetische Prinzip des Geschlechts kann euch helfen, eure Ideen zu entwickeln und umzusetzen. So lassen sich Selbstzweifel und Verzögerungstaktiken leichter überwinden.

Eure innere weibliche Energie ist empfänglich und so unendlich geduldig, dass sie manchmal passiv und lustlos erscheinen mag. Wie eine Satellitenschüssel ist sie auf das kollektive Unbewusste ausgerichtet, aus dem euch wundervolle neue Ideen, Erfindungen und Inspirationen zufließen. Euer inneres Weibliches lässt sich mit einer empfindsamen, kreativen Künstlerin vergleichen, die herrliche Ideen hat, aber sich zu unsicher oder unklar fühlt, um sie zu verwirklichen.

Euer innerer männlicher Anteil dagegen liebt die Tat. Seine Energie ist gebend und begeisterungsfähig, was manchmal auch dominant wirken kann. Das innere Männliche ist ganz Tatkraft, ohne Inspiration. Wer zu sehr in einer dieser beiden Energien lebt, erzeugt ein ungesundes Ungleichgewicht.

Doch stellt euch vor, eure empfindsame innere Künstlerin mit all ihren wundervollen Ideen würde mit eurem inneren Männlichen zusammenarbeiten. Künstlerin und Agent/Manager zusammen wären ein nicht aufzuhaltendes erfolgreiches Team!

Eure weibliche Energie empfängt göttlich inspirierte Ideen, welche die männliche Energie dann in die Tat umsetzen kann. Euer inneres Männliches haucht den weiblichen Ideen Leben ein. Der Rhythmus von weiblich und männlich erfolgt ganz natürlich, solange er nicht von Angst oder negativen Erfahrungen oder Urteilen über das Männliche oder das Weibliche unterbrochen wird.

Eine Möglichkeit, seine männlichen und weiblichen Energien beständig im Gleichgewicht zu halten, ist, täglich zu geben und zu empfangen. Man kann es sich zur Gewohnheit machen, jeden Tag etwas zu geben (Zeit, Geld, freundliche Worte und dergleichen), ohne dafür einen Lohn, ein Lob oder besondere Dankbarkeit zu erwarten. So bleibt die männliche Energie auf gesunde Weise aktiv. Und genauso kann man es sich zur Gewohnheit machen, täglich etwas anzunehmen, um die weibliche Energie lebendig und wach zu halten. Bedankt euch für das, was euch gegeben wird, ohne euch deswegen schuldig zu fühlen.

Euer inneres Weibliches lauscht in der Stille auf das Flüstern der göttlich inspirierten Ideen. Ihr Gefährte, das innere Männliche, ist geneigt, diese Ideen liebevoll umzusetzen. Das ist die mystische innere Hochzeit, von der die Weisen sprechen. Dies ist der Funke der göttlichen Magie.

Ihr seid Hohepriester und Hohepriesterinnen, Zauberer und Zauberinnen. Ihr habt die Macht, hier und jetzt in eurem Leben große Wunder zu bewirken. Ihr seid göttliche Magier, auf ewig, und mit Hilfe der Sieben Hermetischen Prinzipien könnt ihr die Früchte dieser Geschenke ewig genießen!

»Der Besitz von Wissen ist eitel und unnütz wie das Horten edler Metalle, wenn es sich nicht manifestiert und ausdrückt. Wissen ist genauso wie Reichtum dazu da, um verwendet zu werden. Das Gesetz der Anwendung ist universell und wer es missachtet, wird leiden, weil er mit den Naturkräften in Konflikt gerät.« –KYBALION

Dieses Zitat aus dem Kybalion *bezieht sich auf das Gesetz der Anwendung. Es macht deutlich, dass Wissen, das nicht angewendet wird, nur nutzlos ist und weder seinem Besitzer noch der Menschheit Gutes bringt. Hütet euch vor geistiger Missgunst und hortet keine Ideen oder Inspirationen. Bringt lieber zum Ausdruck, was ihr gelernt habt. Studiert die Grundsätze des* Kybalion *und wendet sie an.*

Die hermetischen Lehren wurden in Zeiten der religiösen

Intoleranz fest im Geist ihrer Lehrer und Schüler verschlossen. Doch Hermes' Absicht war durchaus, dass diese Prinzipien gelehrt, studiert und umgesetzt werden.

In diesem Nachwort stellen wir noch ein paar wichtige hermetische Grundsätze aus dem Kybalion vor und ergänzen sie durch ein paar Kommentare. Macht sie euch zu eigen und wendet sie an, denn erst wenn ihr sie angewendet habt, sind sie wirklich euer.

»Willst du deine Stimmung oder deinen geistigen Zustand ändern, so ändere deine Schwingung.«– Kybalion

Ihr könnt eure geistigen Zustände verändern, indem ihr euren Willen und eure Aufmerksamkeit auf den wünschenswerten Zustand lenkt. Wille steuert die Aufmerksamkeit und Aufmerksamkeit kann Schwingungen verändern. Kultiviert mit Hilfe eures Willens die Kunst der Aufmerksamkeit und ihr habt das Geheimnis der Meisterung von Stimmungen und geistigen Zuständen entdeckt.

»Willst du eine unerwünschte geistige Schwingung beseitigen, wende das Prinzip der Polarität an und konzentriere dich auf den entgegengesetzten Pol dessen, was du zu unterdrücken wünschst. Vernichte das Unerwünschte, indem du seine Polarität änderst.« – Kybalion

Dies ist ein sehr wichtiger hermetischer Grundsatz. Er beruht auf wahren wissenschaftlichen Prinzipien. Wir haben gezeigt, dass ein geistiger Zustand und sein Gegenteil lediglich zwei Pole der gleichen Sache sind und dass die Polarität durch geistige Transmutation umgekehrt werden kann. Den Psychologen ist dieses Prinzip bekannt. Sie helfen Menschen, eine unerwünschte Gewohnheit abzulegen, indem sie sie auffordern, sich auf das Gegenteil zu konzentrieren.

Wenn ihr Angst habt, vergeudet nicht eure Zeit mit dem Versuch, die Angst abzutöten. Kultiviert lieber den Mut, und die Angst wird verschwinden. Sonst ist es so, als würde man in einem dunklen Raum gegen die Dunkelheit kämpfen, anstatt ein Licht anzuzünden.

Konzentriert euch auf den positiven Pol der Qualität, die ihr im Negativen beseitigen wollt, und die Schwingung wird sich allmählich vom Negativen ins Positive verwandeln, bis ihr auf das Positive polarisiert seid statt auf das Negative. Auch das Umgekehrte trifft zu, wie viele zu ihrem Kummer herausgefunden haben, die sich zu lange auf eine negative Polarität konzentrierten.

Durch das Verändern der Polarität meistert ihr eure Stimmungen, verändert ihr eure Geisteszustände, bessert ihr eure Gemütslage und entwickelt ihr euren Charakter. Ein großer Teil der geistigen Meisterschaft der Hermetiker stammt aus der Anwendung der Polarität, einem wichtigen Aspekt der geistigen Verwandlung. Man denke nur an den Sinnspruch des Kybalion: »Der Geist (wie auch Metalle und Elemente) kann verwandelt werden, von Zustand zu Zustand, von Grad *zu Grad, von Gegebenheit zu Gegebenheit, von Pol zu Pol, von Schwingung zu Schwingung.«*

Die Polarisierung zu meistern bedeutet, die geistige Verwandlung oder geistige Alchemie zu meistern. Nur wer die Kunst beherrscht, seine eigene Polarität zu ändern, kann auch Einfluss auf seine Umgebung nehmen. Wer dieses Prinzip versteht, kann sowohl seine eigene Polarität verändern als auch die von anderen, sofern er sich die Zeit und die Sorgfalt nimmt und fleißig übt, um diese Kunst zu meistern. Das Prinzip ist wahr, doch die Ergebnisse, die damit zu erzielen sind, hängen von eurer Ausdauer, Geduld und Anwendung ab.

»Rhythmus kann durch die Anwendung der Kunst der Polarisierung neutralisiert werden.« – Kybalion

Wie wir in den vorigen Kapiteln erklärt haben, manifestiert sich das Prinzip des Rhythmus auf den geistigen und physischen Ebenen. Die verwirrende Abfolge von Stimmungen, Gefühlen, Emotionen und anderen geistigen Zuständen beruht auf dem Vorwärts- und Rückwärtsschwingen des geistigen Pendels, das uns von einem extremen Gefühl ins andere trägt.

Das Gesetz der Neutralisierung ermöglicht es euch, mit eurem Bewusstsein die Auswirkungen des Pendels zu überwinden. Wie bereits erklärt, gibt es höhere und niedrigere Ebenen des Bewusstseins. Wer sich geistig erhebt und sich auf eine höhere Bewusstseinsebene begibt, entkommt dem

Rückschwung ins niedrigere Bewusstsein. Kraft eures Willens könnt ihr euch auf das Höhere Selbst polarisieren und damit eure geistige Schwingung über die niedrigeren Ebenen des Bewusstseins erheben. Ihr erhebt euch über den Schwung des Pendels und lasst es unter euch hindurchziehen.

So könnt ihr euch auf den positiven Pol eures Seins, den »Ich bin«-Pol polarisieren, statt auf den Pol eurer Persönlichkeit. Ihr könnt dem Wirken des Rhythmus widerstehen. Diese Entscheidung erhebt euch über die niederen Ebenen des Bewusstseins. Haltet an eurem Standpunkt fest, während ihr das Pendel zur niederen Ebene zurückschwingen lasst, ohne dass es euch beeinflusst. Alle Individuen, die eine gewisse Meisterschaft erlangt haben, sind dazu fähig, ob sie dieses Gesetz kennen oder nicht. Solche Menschen weigern sich einfach, sich von dem Pendelschwung der Stimmungen und Gefühle ergreifen zu lassen und bleiben auf den positiven Pol polarisiert.

Dieser Prozess bedeutet nicht, dass das Prinzip des Rhythmus zerstört würde, denn das ist unmöglich. Ihr überwindet einfach ein Gesetz durch ein anderes, um im emotionalen Gleichgewicht zu bleiben. Das Gesetz des Gleichgewichts wirkt auf den geistigen und physischen Ebenen. Wer das versteht und mit diesen Prinzipien arbeitet, wird die Naturgesetze scheinbar außer Kraft setzen, doch tatsächlich arbeitet er nur mit einer Gegenkraft. Ihr begebt euch damit auf eine höhere Ebene der Ursächlichkeit, die zu den Gesetzen der unteren Ebenen der Ursächlichkeit ein Gegengewicht bildet.

»Nichts entkommt dem Prinzip von Ursache und Wirkung, doch es gibt viele Ebenen der Ursächlichkeit, und mit den Gesetzen der höheren Ebenen lassen sich die Gesetze der niedrigeren Ebenen überwinden.« – KYBALION

Wer sich über die Ebene der gewöhnlichen Ursachen erhebt, wird zu einer Ursache statt nur verursacht zu werden. Wer seine Stimmungen und Gefühle meistert und dadurch den Rhythmus neutralisiert, entkommt Ursache und Wirkung auf der gewöhnlichen Ebene. Zu viele Menschen lassen sich einfach treiben, gehorchen ihrer Umgebung, dem starken Willen anderer, den Auswirkungen ererbter Neigungen und anderen äußeren Ursachen, die sie wie Spielfiguren auf einem Schachbrett herumschieben.

Wer sich über die Beeinflussungen erhebt, genießt eine höhere Ebene der geistigen Tätigkeit. Wer seine Stimmungen, Gefühle und Impulse beherrscht, kann neue Qualitäten und Kräfte zum Ausdruck bringen, mit deren Hilfe er sich über seine gewöhnliche Umgebung erheben und zum »Spieler« werden kann. Er kann das Spiel des Lebens klug spielen, statt sich durch äußere Einflüsse, Mächte oder Willenskräfte manipulieren zu lassen. Er nutzt das Prinzip von Ursache und Wirkung, statt davon benutzt zu werden.

Auf den höheren Ebenen unterliegen natürlich selbst Avatare den Auswirkungen dieses Prinzips. Aber auf den niedrigeren Ebenen sind sie Meister statt Sklaven. Wie das Kybalion sagt:

»Die Weisen dienen auf den höheren, aber herrschen auf den niedrigeren Ebenen.« –KYBALION

Sie gehorchen den Gesetzen, die von oben kommen. Aber auf ihrer eigenen Ebene und unterhalb davon herrschen und bestimmen sie. Doch auch in diesem Tun sind sie Teil des Prinzips und widersprechen ihm nicht. Der Weise begibt sich in Einklang mit dem Gesetz, und weil er seine Bewegungen versteht, kann er es einsetzen, statt ihm blind ausgeliefert zu sein. Der geübte Schwimmer bewegt sich hierhin und dorthin wie er will, statt wie ein Stück Holz von den Strömungen getrieben zu werden. Doch Schwimmer und Holz, Weiser und Narr, sie alle stehen unter dem Gesetz. Wer das versteht, ist auf dem Weg zur Meisterschaft

Zu guter Letzt wenden wir uns noch einmal dem hermetischen Grundsatz zu:

»Wahre hermetische Verwandlung ist eine geistige Kunst.«
– KYBALION

Der Prozess der Beeinflussung der Umgebung beruht auf Geisteskraft. Da das Universum ganz und gar geistig ist, ist es nur logisch, dass es auch nur geistig beherrscht werden kann.

Diese Wahrheit erklärt alle Phänomene und Erscheinungen der verschiedenen geistigen Kräfte. Jedes Phänomen und

jede geistige Lehre basiert auf dem allgegenwärtigen Prinzip der geistigen Substanz des Universums. Wenn das Universum geistig ist, dann folgt daraus, dass sich die Bedingungen und Phänomene des Universums auch durch geistige Umwandlung verändern lassen. Wenn das Universum in seiner Essenz geistig ist, dann muss der Geist die höchste Kraft sein, durch die es zu beeinflussen ist. Wenn man dies recht versteht, so wird man alle so genannten Wunder und Wundertaten als das ansehen, was sie sind:

»Das All ist Geist; das Universum ist geistig.« – Kybalion

Über die Autorin

Doreen Virtue ist ausgebildete Psychologin und in der vierten Generation Metaphysikerin. Seit vielen Jahren befasst sie sich mit philosophischen Studien. Hermetische Lehren sind ein fester Bestandteil ihrer internationalen Seminare und sind auch in ihren Büchern *Medizin der Engel* und *Göttinnen und Engel* wiederzufinden.

Weitere Informationen über ihre Bücher, Seminare und andere Projekte sind auf ihrer Website dargestellt: www.Angel-Therapy.com

Doreen Virtue
Wie oben, so unten
Die Sieben Gesetze des Lebens

Die Sieben Hermetischen Gesetze werden erläutert und zu jedem der Gesetze wird zur Vertiefung eine Meditation angeleitet.
Gesprochen auf deutsch von Josefine Merkatz
Musik: Sayama
€ 12,95
CD 60 min
ISBN 978-3-86728-015-0